日本料理
Asako's Japanese
吉田麻子
Cooking School
料理教室

吉田麻子料理教室へようこそ。

はじめまして吉田麻子です。
大阪の川のほとりに佇む私の教室は、少人数制のサロン形式。
関西ならではの淡麗で繊細な味わいを大切にした日本料理を中心にレッスンしています。
〝おいしいものを作り、いただく幸せ〟を暮らしのなかで
気軽に取り入れていただけるお手伝いができたらと思っています。
「おいしい。お家で作ったら家族に喜ばれました」と生徒さんから言っていただくことが私の何よりの喜び。
毎日の料理こそ、おおらかに楽しく作りたいもの。そんな思いで日々、料理と向き合っています。
この本を手に取ってくださった方にも、そんな料理作りの楽しさを感じ取っていただけましたら幸いです。

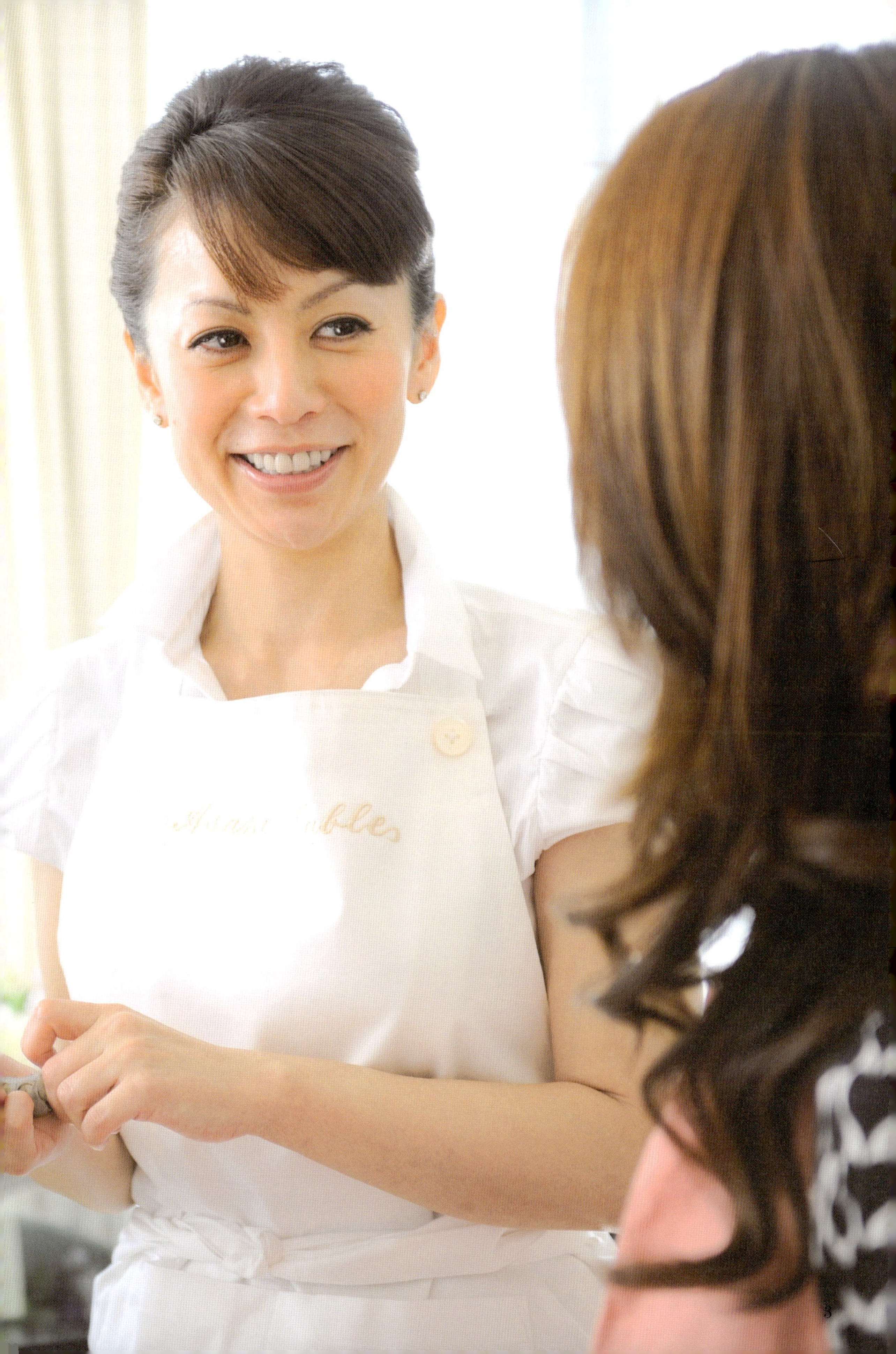

Contents

吉田麻子料理教室へようこそ。 ……… 2

吉田麻子料理教室の基本LESSON ……… 6
   だし
   さしすせそ

吉田麻子料理教室の定番10品 ……… 8
  蓮根まんじゅう ……… 9
  さばの味噌煮 ……… 10
  水菜のからし浸し ……… 10
  さといもコロッケ ……… 13
  ぶり大根 ……… 14
  牛肉の酒盗バター炒め ……… 14
  海老芋と聖護院大根のおでん風 ……… 17
  ひじきの酢きんぴら ……… 18
  鶏利休焼き ……… 18
  玉子豆腐のお吸い物 ……… 20

季節のLESSON ……… 21

春のLESSON 01 ……… 22
  手まり寿司(6種) ……… 25
  筍のから揚げ ……… 26
  はまぐりの白味噌仕立て ……… 27
  ベリーのマリネ ……… 28

春のLESSON 02 ……… 31
  花見の点心 ……… 32
    うすいえんどうの豆ご飯 ……… 32
    あさりとはすの胡麻クリーム和え ……… 32
    海老酒塩煮 ……… 32
    だし巻き玉子 ……… 33
    筍土佐煮 ……… 33
    ほたて木の芽焼き ……… 33
    鯛塩昆布和え ……… 33
    桜生麩 ……… 33
    牛肉うずら玉子巻き ……… 34
    蕗青煮 ……… 34
    百合根きんとん ……… 34
  空豆のすり流し ……… 35

夏のLESSON 01 ……… 36
  生うにの冷たいおうどん ……… 39
  賀茂なす田楽 白味噌あんかけ ……… 40
  鱧南蛮漬け ……… 41
  とうもろこしのすり流しとおだしのジュレ ……… 42
  抹茶白玉しるこ ……… 43

夏のLESSON 02 ……… 44
  牛のたたき 生姜風味の梅酢がけ ……… 47
  うなぎの混ぜご飯 ……… 48
  トマトの煮浸し ……… 48
  海老団子の揚げ物 ……… 50

秋のLESSON 01 …… 52
- 紅葉鯛ときのこの炊き込みご飯 …… 55
- 牛肉東寺揚げ …… 56
- 海老玉寄せ …… 56
- 柿と蕪の胡麻白酢 …… 58
- とろろの合わせ味噌仕立て …… 59

秋のLESSON 02 …… 60
- さんま幽庵焼き …… 63
- 焼き栗ご飯 …… 64
- きのこと鶏つくねのすまし汁 …… 65
- 戻り鰹と菊菜のサラダ …… 66
- いちじく赤ワイン煮 …… 67

冬のLESSON 01 …… 68
- 穴子の蒸し寿司 …… 71
- 鰆と牡蠣の白味噌風味 …… 72
- しろなと絹あげのたいたん …… 73
- 大根汁 …… 74
- 白菜即席漬け …… 75

冬のLESSON 02 …… 76
- 年迎えの八寸 …… 79
  - 紅白なます …… 79
  - サーモン入り袱紗玉子 …… 79
  - 鴨のハニーロースト …… 79
  - 小鯛赤飯 …… 80
  - 菜の花のお浸し …… 80
  - たたきごぼう …… 80
  - 数の子味噌漬け …… 80
- 雲子の柚香蒸し …… 81
- 蟹と生姜の炊き込みご飯 …… 82
- 寄せ黒豆のアングレーズソース …… 82

お役立ちCOLUMN
- 玉味噌 …… 29
- 簡単常備だれとちりめん山椒 …… 51

おいしい御用達ノート …… 84
- 食材 …… 85
- 料理店 …… 86
- 器 …… 87
- 手みやげ …… 88

あとがき …… 90

素材別INDEX …… 92

計量の単位は小さじ1＝5cc、大さじ1＝15cc、1カップ＝200mlです。
火の加減は特に注記のない限り、中火です。
調理時間や調理温度はあくまで目安です。
好みや調理器具に応じて加減してください。

吉田麻子料理教室の基本LESSON

私の教室では、関西流の日本料理を作るのに、だしやしょうゆ、
味噌などの味の基本をとても大切に考えています。
生徒さんにいちばん最初に覚えていただく基本のだしのひきかたと、
教室で使っている「さしせそ＝調味料」をご紹介します。

◎だし

昆布とかつおでひく（だしは「とる」ではなく「ひく」と表現します）「一番だし」は日本料理の基礎となるもので、私の教室でもとても大切に考えています。レッスンでは生徒さんに最上の味を知っていただきたいので、最高の材料で一番だしをひきます。この本で「だし」と表記しているものは、特に注記のない限り、昆布とかつおでひいただしを指しています。教室では一番だしを使っていますが、家庭では「二番だし」でも充分です。より手軽な「煮干しだし」は、昆布と合わせることで旨みが増します。お味噌汁や野菜の煮物におすすめです。

かつおぶし
鹿児島・枕崎製の一本釣本枯節と荒節を使用したかつお削りぶし2種類を愛用。椀物には本枯節、煮物などには荒節と使い分けます。

昆布
昆布のなかでも最も旨みが強く最高級とされている天然真昆布、さらに北海道・川汲浜で獲れる最高品質の昆布だけを使ってレッスンしています。

一番だし

●材料（作りやすい分量）
昆布（真昆布）………… 40g
削りがつお………… 40g
水………… 2L

●作り方

1　鍋に昆布と水を入れて冷蔵庫で一晩浸けておく。*1
2　1を火にかけ沸騰したら、火を止めて昆布を引き上げる。 
3　削りがつおをまくようにして2に加えて3分ほどおく。 
4　目の細かいザルで3を漉す。かつおは絞っても良い。 

*1 最低2時間は浸けたいが、どうしても時間がないときは弱火で10分かけてゆっくり沸騰させると、昆布の旨みが引き出せる。
*2 最低でも5〜6時間。

二番だし

●作り方

1　鍋に一番だしで使った昆布と削りがつおと水2Lを入れて火にかける。
2　沸騰したら削りがつお30gを加え、3/4量まで煮つめ、漉す。

煮干しだし

●材料（作りやすい分量）
煮干し………… 30g　　水………… 1L
昆布………… 5g

●作り方

1　煮干しは頭とはらわたを取る。
2　鍋に煮干しと昆布と水を入れて、できれば冷蔵庫で一晩浸けておく。*2 
3　鍋を中火にかけ、沸騰したらすぐに火を消してアクを取り、ザルで漉す。

◎さしすせそ

料理の味の決め手となる調味料。私の料理教室で使用しているものをいくつかご紹介します。主に関西流の料理をお教えしているので、使用するしょうゆや味噌なども自然と関西で造られたものが中心になります。ご家庭ではどうかあまりとらわれず、お好みのものを大らかにお使いください。

砂糖

大阪[鴻商店]のものがほとんど。きび砂糖をメインに、コクが欲しいときには黒砂糖、色が気になるお菓子にはグラニュー糖を。三温糖でも精製を抑えたものは使用します。

塩

海水のみで作られる「海の精」を愛用。あらしおとほししおは加熱用、やきしおは天ぷらの付け塩やお吸い物の味付けに…と使い分けています。煮込み料理にはグランドの塩も。

酢

米酢は素材の持ち味を引き立てる風味の良い京都[村山造酢]の千鳥酢が定番。便利なすし酢やドレッシングに重宝するりんご酢は京都[林孝太郎造酢]のものを愛用しています。

しょうゆ

関西で生まれ育った私には、和歌山の湯浅や京都で造られたしょうゆが口になじみます。京都[澤井醤油]の薄口と濃口、湯浅[小原久吉商店]の薄口、[角長]の濃口などを使用。

味噌

母の代から愛用する大阪[大源味噌]は赤・白の他、味噌漬け用に白荒味噌などを。京都[山利]は白味噌仕立てのお味噌汁に。[さくら味噌]の田舎味噌は最近のお気に入りです。

みりん

必ず醸造された本みりんを使います。東海地方が発祥といわれ、おいしいみりんがたくさんありますが、なかでも岐阜[白扇酒造]や愛知[角谷文次郎商店]が口に合います。

その他

味のアクセントあれこれ。[原了郭]の黒七味や[一休堂]の和からし、京七味は教室でも出番が多い薬味です。ケチャップなども安全な材料を使ったものを選びます。

吉田麻子料理教室の定番10品

定番の日本料理に私流のアレンジを効かせたものを中心に
ぜひ覚えていただきたい10品をご紹介いたします。

1
蓮根まんじゅう

女性が大好きな蓮根まんじゅう。わさびあんで風味が一段と増します。
少し贅沢にかにを入れましたが、ご家庭では海老や鶏ひき肉、貝類もおすすめです。

●材料（6個分）
れんこん……… 350g
かにの身……… 50g
ぎんなん……… 12個
卵……… 1個
白ごま……… 大さじ2
片栗粉……… 大さじ2
塩……… 少々
揚げ油……… 適量
おろしわさび……… 適量
〈わさびあん〉
┌ だし……… 2カップ
│ 酒……… 小さじ2
│ みりん……… 大さじ1 2/3
│ 塩……… 小さじ 1/2
│ 薄口しょうゆ……… 大さじ1
│ おろしわさび……… 小さじ1〜2
└ 水溶き片栗粉……… 大さじ2

●作り方
1 れんこんは皮をむき、酢（分量外）を少量加えた熱湯で茹で、ざるに上げて冷ます。
2 かにの身は食べよい大きさにほぐす。
3 ぎんなんは鬼皮をむき、塩茹でする。薄皮をむいて3等分に切る。
4 ボウルに1のれんこんをおろし器ですりおろし、卵を溶きほぐしながら入れる。片栗粉、白ごま、塩を加えてよく混ぜ、さらに2のかにの身、3のぎんなんも加えてよく混ぜ合わせる。
5 4のタネをまんじゅう状に丸めて、175℃に熱した揚げ油でしっかり揚げる。
6 鍋にわさびあんのだしと調味料を合わせ、ひと煮立ちさせる。煮立ったらよくかき混ぜながら水溶き片栗粉を加えてとろみをつけ（写真a）、再び煮立たせる。わさびを加え、溶かす。
7 器に5を盛り付け、6のわさびあんをかけ、少量のおろしわさびを添える。

水溶き片栗粉は片栗粉：水＝1:1の分量で。水溶き葛粉でも可。しっかり火を入れることででんぷん臭さを飛ばす。

2
さばの味噌煮

さばの味噌煮も白味噌を加えて関西風に。
焼き豆腐と手綱にしたこんにゃくも美味。思わずご飯が進む一品です。

●材料 (作りやすい分量)
- さば……… 1尾
- こんにゃく……… 1/2枚
- 焼き豆腐……… 1/2丁
- 青ねぎ……… 1本
- しょうが……… 1かけ
- 〈煮汁〉
  - 酒……… 1.5カップ
  - 水……… 1.5カップ
  - しょうが絞り汁……… 小さじ2
  - 砂糖……… 大さじ2
  - 赤味噌……… 90g
  - 白味噌……… 30g

●作り方
1. さばは二枚におろして半分に切り、皮に浅く切れ目を入れる。ボウルに入れて沸騰寸前の熱湯をさばが完全に浸かるぐらいまでかけながら (写真a) 箸でゆっくりかき混ぜ、霜降りにする。冷水にさらして軽く洗い、ぬめりを取って (写真b) 水気を切る。
2. こんにゃくは塩 (分量外) でよく揉んでから熱湯で3分ほど茹で、ザルに上げる。5mm厚さに切り、包丁で真ん中に切れ目を入れて手綱こんにゃくにする (写真c)。
3. 焼き豆腐は5cm角に切る。青ねぎは斜め細切りにする。しょうがは千切りにして水にさらし、水気を切る。
4. 鍋に1のさばと煮汁の酒、水、しょうがの絞り汁を入れ、落としぶたをして強火にかける。沸騰したらアクを取り、中火にしてさばに火を通す。
5. 4に砂糖と赤・白味噌を加えて溶かす。さらに手綱こんにゃくと焼き豆腐を加えて5分ほど煮る。
6. 器に盛り付け、青ねぎとしょうがをあしらう。

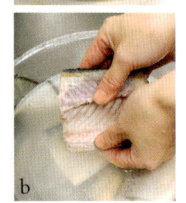

霜降りすることでさばの余分な脂肪、ぬめりや臭みを取り除く。こんにゃくも塩揉みして茹でることでアクが抜ける。

3
水菜のからし浸し

関西で好んで食べられる水菜をお浸しに。母から習うともなく教わった変わらぬ味です。
ほうれん草、菊菜、せり、三つ葉でも作ります。

●材料 (作りやすい分量)
- 水菜……… 1束
- 生しいたけ……… 4枚
- 〈煮汁〉
  - だし……… 2カップ
  - みりん……… 1/5カップ
  - 薄口しょうゆ……… 大さじ2
  - 練りがらし*1……… 小さじ1

●作り方
1. 水菜は5cm長さに切る。生しいたけは石づきを取り、薄く塩 (分量外) を振って、焼き網でさっと焼き、細切りにする。
2. 鍋に煮汁の調味料を合わせてひと煮立ちさせる。水菜を加えてもうひと煮立ちしたら火を止めて、鍋から水菜を取り出して冷ます。
3. 煮汁が冷めたら水菜を鍋に戻し、生しいたけも加えて10分ほどおく。
4. 3に練りがらしを加え、よく混ぜる。

*1 粉がらしをお湯で溶いたもの。好みの柔らかさに調整する。

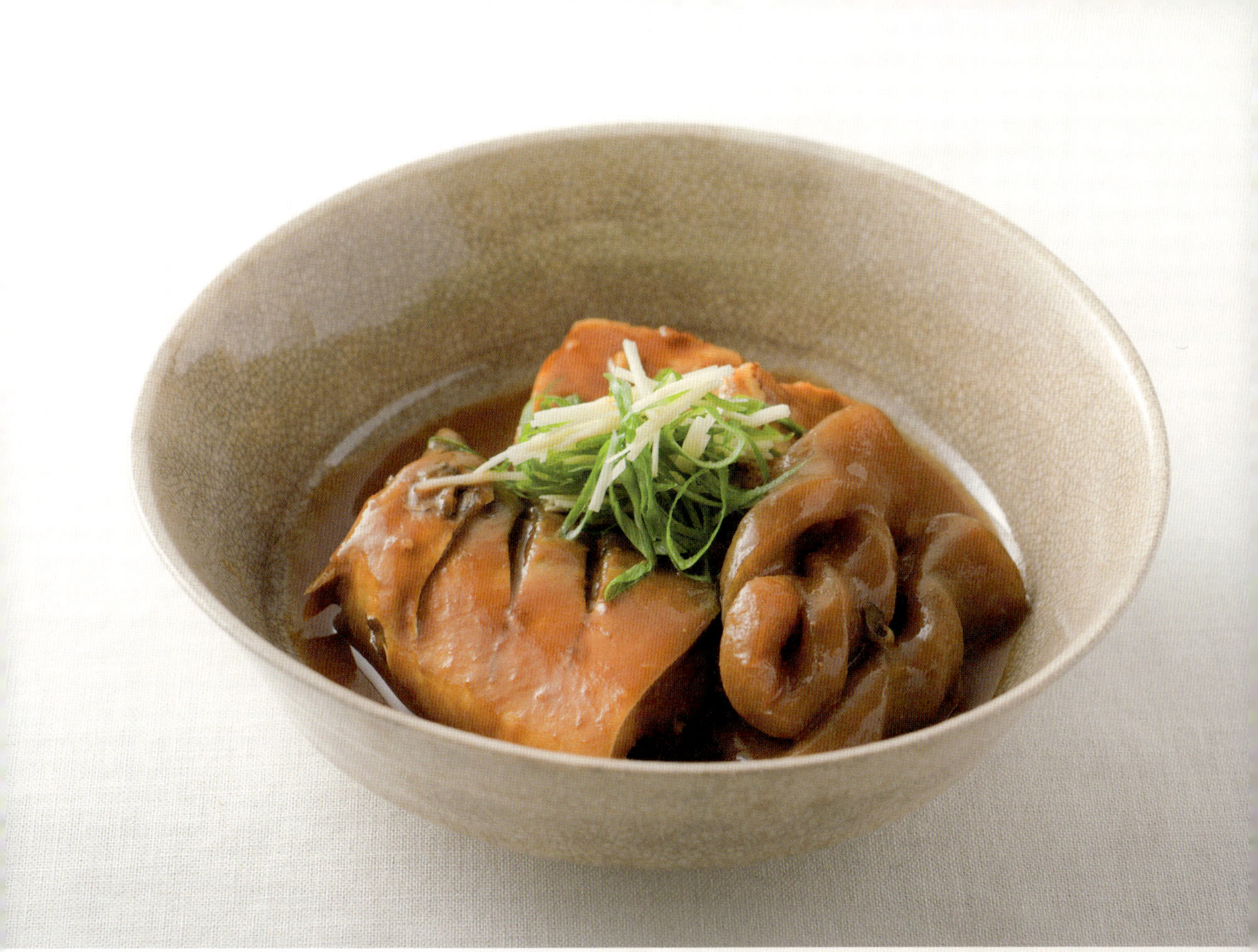

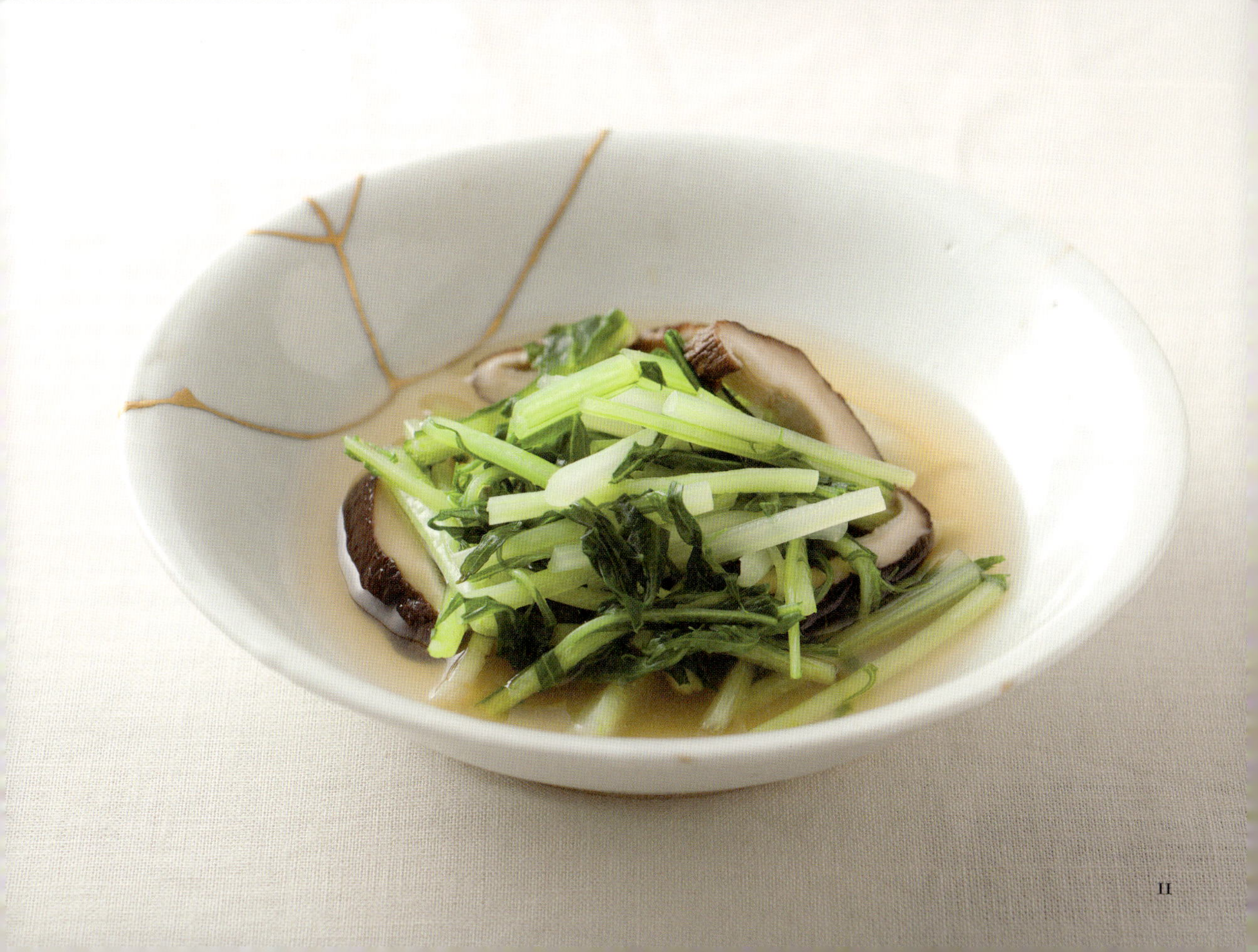

吉田麻子料理教室の定番10品

4
さといもコロッケ

じゃがいもで作るコロッケも、さといもで作ると少しよそゆきの顔に。
ころころと小さなまんまるの形も愛らしく。ソースを添えていただきます。

●材料（3〜4人分）
さといも………… 10個（約500g）
鶏ひき肉………… 50g
まいたけ………… 1/2パック
ぎんなん水煮……… 8個
生クリーム……… 大さじ1 2/3
塩………… 小さじ 1/2
白こしょう……… 適量
小麦粉………… 適量
溶き卵………… 2個分
パン粉………… 適量
オリーブ油……… 適量
揚げ油………… 適量
〈ソース〉
├ トマトケチャップ………… 大さじ1
│ リーペリンソース★1………… 大さじ1
│ レモン汁………… 小さじ1
└ マスタード………… 適量

●作り方
1 さといもは蒸気の上がった蒸し器で竹串がすっと入る固さになるまで皮ごと蒸す。少し冷ましてから皮をむく。
2 フライパンにオリーブ油を熱し、鶏ひき肉をパラパラになるまで炒め、塩・こしょう（ともに分量外）で味を調えて取り出す。石づきを取って食べよい大きさにほぐしたまいたけも同様にする。
3 鍋に1のさといもを入れて弱火にかける。粉ふき状になったらマッシャーでつぶし（写真a）火を止め、生クリーム、塩、白こしょうを加える。2のひき肉とまいたけ、ぎんなんを加えてよく混ぜる。
4 3をバットに広げて（写真b）粗熱を取る。
5 4を手のひらで球状にまるめ、小麦粉、溶き卵、パン粉の順にくぐらせて衣をつける。170℃に熱した揚げ油できつね色になるまで揚げる。
6 器に盛り付け、よく混ぜ合わせたソースを添える。

★1 ウスターソースでも良い。

5
ぶり大根

ぶりと大根はまさに出会いもの。あらも入れましたが切り身だけであっさり作っても美味。
厚く大きく切った冬大根の甘みもお楽しみください。

● 材料（作りやすい分量）
ぶり（あらと切り身）………700g
大根………1/2本
しょうが（薄切り）………1かけ
〈煮汁〉
　水………2カップ
　酒………1カップ
　みりん………大さじ2
　砂糖………大さじ2
　はちみつ………大さじ2
　濃口しょうゆ………1/4カップ
柚子の皮（千切り）………適量
木の芽………適量

● 作り方
1. ぶりのあらは3cm角に切ってボウルに入れ、強めに塩（分量外）をふって（写真a）10分ほどおく。沸騰寸前の熱湯をあらが完全に浸かるぐらいまでかけて箸でゆっくりかき混ぜ、霜降りにする。冷水に取って汚れやぬめりをきれいに洗い、水気を切る。切り身は半分に切る。
2. 大根は皮をむいて3cm厚さに切り、包丁で両面に十字の切り込みを入れる。鍋で竹串がやっと入る固さまで水から下茹でし、水で洗う。
3. 鍋に1のあら、2の大根、しょうが、煮汁の水と酒を入れ、落としぶたをして強火にかける。煮立ってきたら火を弱め、あくを取りながら10分煮る。
4. 3に1の切り身、みりん、砂糖、はちみつを加えて10分ほど煮て、濃口しょうゆを加える。
5. 煮汁が少し残る程度まで煮たら、落としぶたを外す。器に盛り付け、柚子の皮と木の芽を混ぜたものをあしらう。

ぶりに塩をして霜降りする。大根を下茹でする。ちょっとしたひと手間がプロの味になる大きなポイントに。

6
牛肉の酒盗バター炒め

お肉とじゃがいもに酒盗バターが絡まったお酒に合う一品です。
調味料としても便利な酒盗はバターとの相性抜群。いかの塩辛でも代用できます。

● 材料（2人分）
牛ロース薄切り肉………200g
酒盗………30g
じゃがいも………大1個
青ねぎ………2本
濃口しょうゆ………小さじ1
砂糖………小さじ1
バター………15g

● 作り方
1. 牛肉は食べやすい大きさに切る。酒盗は包丁で細かく叩く。じゃがいもは皮をむき、8mm角の拍子木切りにして水にさらし、ザルに上げる。
2. フライパンにバターの半量を熱し、牛肉とじゃがいもをそれぞれさっと炒めて取り出す。
3. 同じフライパンに残りのバターを熱して酒盗を加え、弱火でじっくりと炒める（写真a）。
4. 3のフライパンに2を戻し入れ、鍋肌から濃口しょうゆをたらし、砂糖を絡めてよく混ぜる。
5. 器に盛り付け、小口に切った青ねぎを散らす。

酒盗は弱火でじっくり炒めることで、独特の臭みが旨みに変わる。焦がさないよう、根気よく炒めることが肝心。

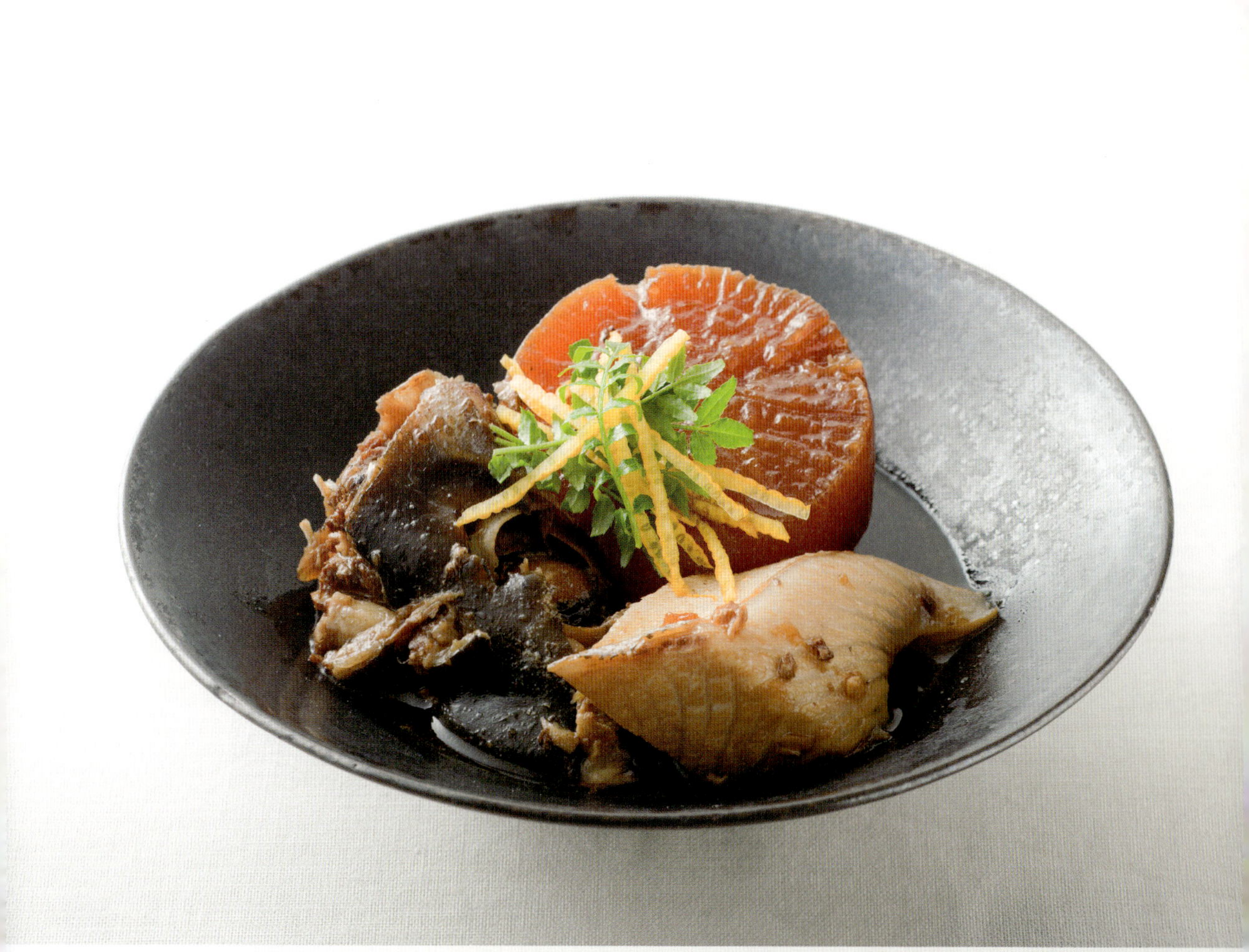

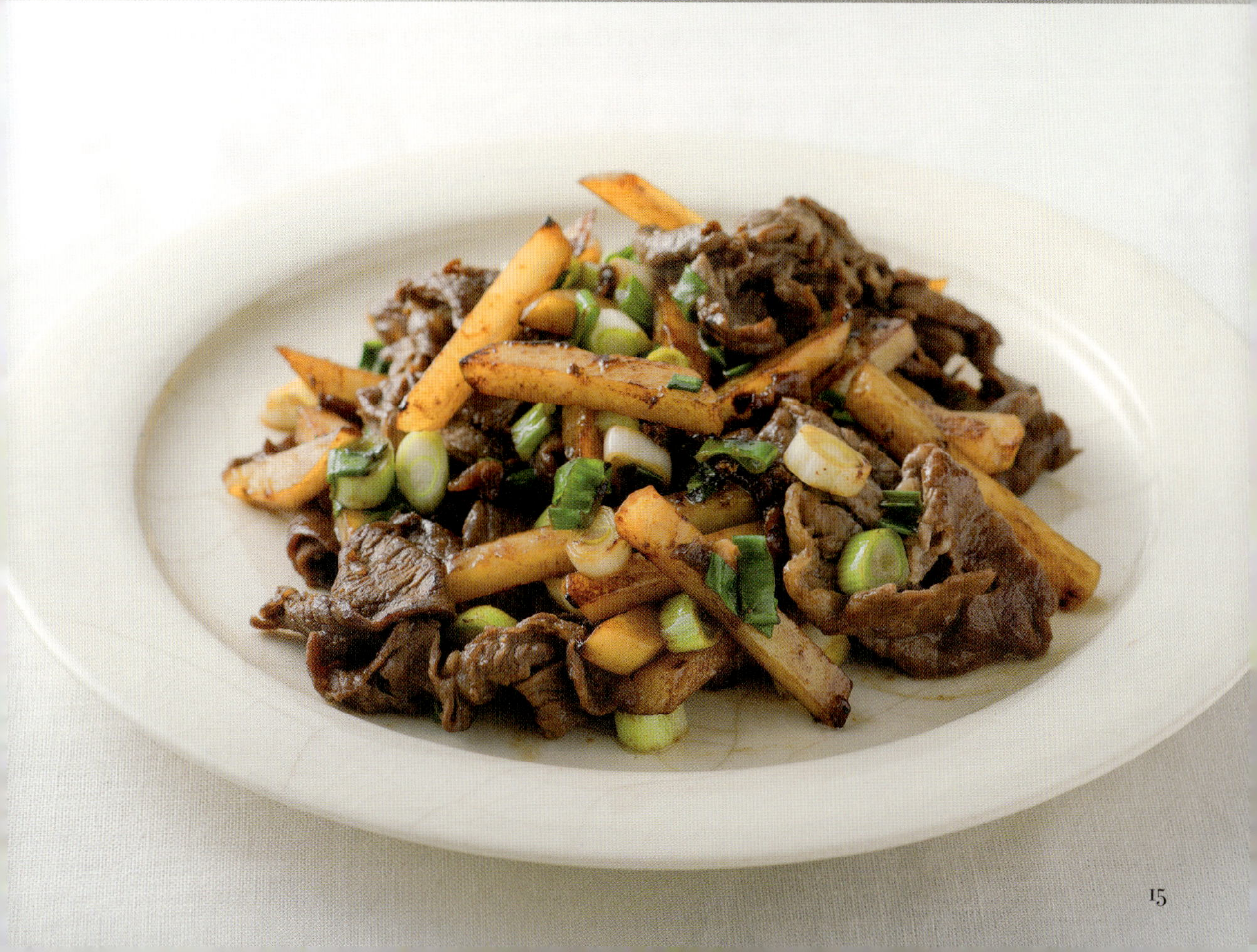

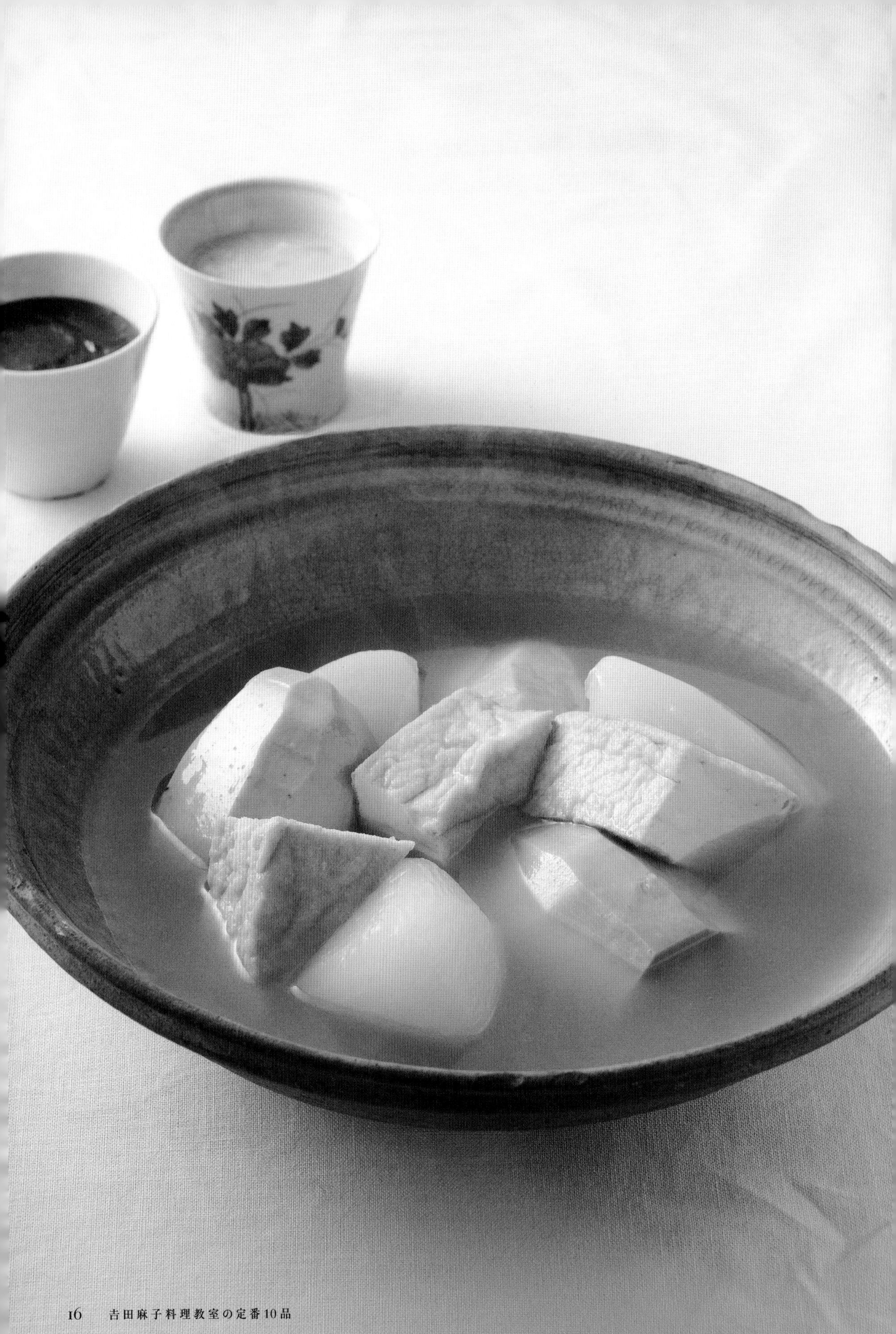

7
海老芋と聖護院大根のおでん風

寒さが厳しくなるにつれ味が良くなる聖護院大根と海老芋に厚あげも加えて含め煮にしました。
一度冷まして味をしっかり含ませることで、料亭のような仕上がりに。

●材料 (作りやすい分量)
えびいも………… 大1個
聖護院大根………… 1/4個
厚あげ………… 2枚
〈煮汁〉
- だし………… 1L
- みりん………… 1/2カップ
- 塩………… 小さじ 1/2
- 薄口しょうゆ………… 大さじ2

赤・白玉味噌 (P29参照)
………… 各適量

●作り方
1 聖護院大根は2つのくし形に切り、さらに半分に切って厚めに皮をむく。鍋にたっぷりの水を入れて大根を茹で (写真a) 透き通ってきたら火から下ろし、冷水に取る。
2 えびいもは皮をむいて縦半分、横半分に切る。厚あげは熱湯にくぐらせて油抜きし、半分に切る。
3 鍋に煮汁のだしとみりんを入れて火にかけ、2のえびいもと厚あげを煮る。えびいもに竹串がすっと入るようになったら、1の大根を入れてペーパータオルで落としぶたをしながら弱火で10分ほど煮る。塩と薄口しょうゆを加えて、さらに10分ほど煮る。そのまま冷まして味を含ませる。
4 食べる直前に温め直し、器に盛り付け、玉味噌2種を添える。

大根は下茹ですることでアクを抜き、特有の大根臭さを取り除く。

8
ひじきの酢きんぴら

1品で6品目いただける優秀おかずは、お酢を入れるのが私流。
一度にたくさん作って冷凍しておくと便利です。おむすびの具にしても◎。

●材料（4人分）
芽ひじき（乾燥）……… 25g
油あげ……… 1枚
ちりめんじゃこ……… 50g
れんこん……… 50g
金時にんじん……… 1/3本
ピーマン……… 2個
酒……… 大さじ1 1/2
酢……… 大さじ1 1/2
濃口しょうゆ……… 大さじ1 1/2
砂糖……… 大さじ1 1/2
サラダ油……… 適量

●作り方
1 ひじきは30分ほど水に浸けて戻し、水気を絞る。
2 油あげは熱湯をかけて油抜きし、3cm幅の細切りにして水気を絞る。ちりめんじゃこは熱湯をかけてザルに上げておく（写真a）。
3 れんこんは皮をむき、3mm厚さのイチョウ切りにして酢水にさらし、水気を切っておく。金時にんじんは皮をむき、2〜3cm長さの細切りにする。
4 ピーマンは種を取ってにんじんと同様に切り、サラダ油を引いたフライパンでさっと炒めて取り出す。
5 同じフライパンにサラダ油を足して3のれんこんとにんじんを炒め、油がまわったら、1のひじきと2の油あげとちりめんじゃこを加えてよく混ぜながらさらに炒める。
6 5に酒、酢、濃口しょうゆ、砂糖を加えてよく混ぜ、汁気がなくなったら火からおろして4のピーマンを混ぜる。

ちりめんじゃこは熱湯をかけることで臭みが取れる。また固さがなくなるので、口当たりも良くなる。

9
鶏利休焼き

日本料理の世界で「利休」とは胡麻を使った料理のこと。
フライパンで焼くだけなのに、コクのあるお味が完成。

●材料（2〜3人分）
鶏もも肉（ブロック）
……… 1枚（約250g）
アスパラガス……… 3本
サラダ油……… 適量
〈利休だれ〉
├ 練りごま……… 大さじ1
│ 卵黄……… 1個分
│ 酒……… 大さじ1 2/3
│ みりん……… 1/4カップ
└ 濃口しょうゆ……… 大さじ1 2/3
白ごま……… 適量

●作り方
1 鶏肉は包丁で細かく切れ目を入れて（写真a）一口大に切り、ごく薄く塩（分量外）をふる。
2 アスパラガスは歯ごたえが残る程度に塩茹でして、5cm長さに切る。
3 熱したフライパンにサラダ油を引き、皮目から鶏肉を焼いていき、8分通り火を通す。火を弱め、よく混ぜ合わせた利休だれをかけて絡ませながら焼き上げる。仕上げに白ごまをふる。
4 器に盛り付け、彩りに2のアスパラガスを添える。

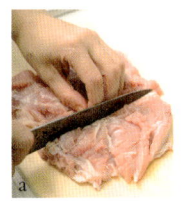

鶏もも肉は筋切りすることで食べやすくなる。

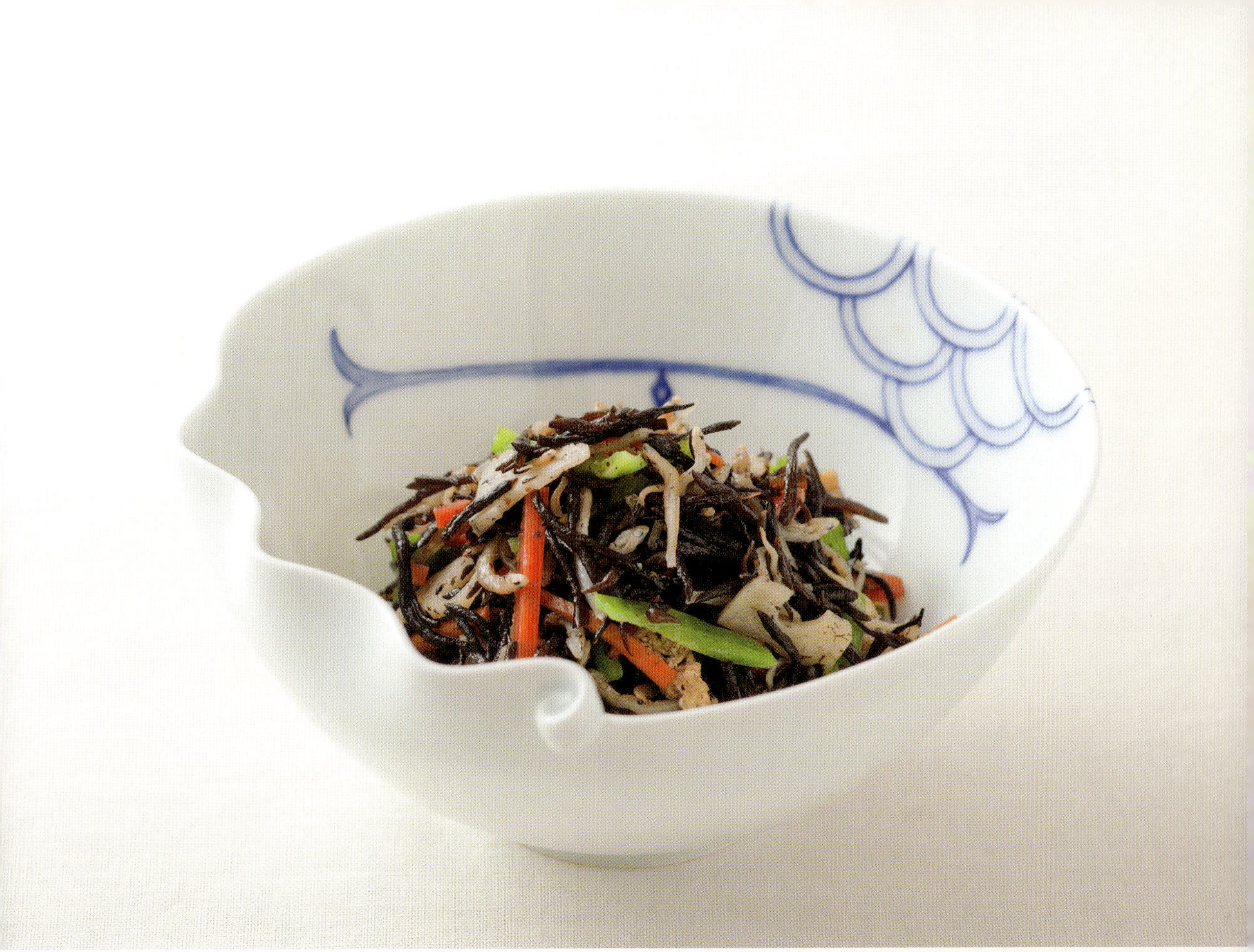

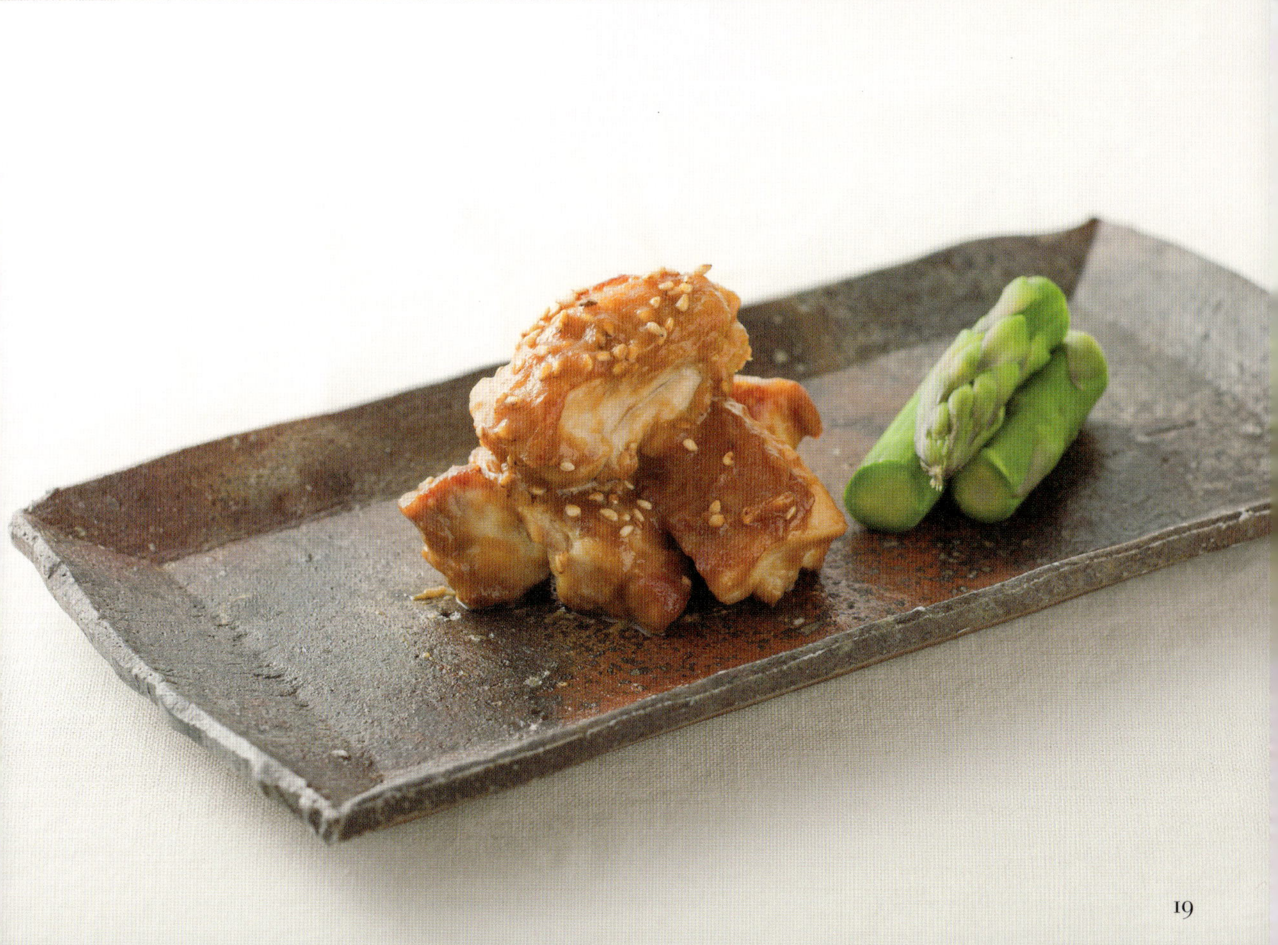

10
玉子豆腐のお吸い物

椀物は日本料理のメインディッシュ。玉子豆腐もご自宅で作れるんですよ。
一番だしのおいしさを存分に味わいたいので、ごくごく薄味で仕上げました。

●材料
(玉子豆腐 (9×11×3cmの流し缶1個分))
卵………… 3個
だし………… 1.5カップ
みりん………… 小さじ2½
塩………… 少々
薄口しょうゆ………… 小さじ2
生湯葉………… 50g
〈吸い地 (4人分)〉
- だし………… 3カップ
- 塩………… 小さじ⅓
- 薄口しょうゆ………… 小さじ1
海老………… 4尾
生しいたけ………… 4枚
さやいんげん………… 4本
葛粉………… 適量
木の芽………… 適量

●作り方
1 ボウルに玉子豆腐の材料を混ぜ合わせて漉し器で漉す。粗く刻んだ生湯葉を加えて混ぜる。
2 流し缶に1を入れる。底の空気を抜き、表面の泡をスプーンですくい取ってラップをかける。
3 蒸気の上がった蒸し器の底に割り箸を渡し、その上に流し缶を置いて(写真a)強火で5分ほど蒸す。表面が白くなったら中火弱で15～20分ほど蒸す。粗熱が取れたら流し缶から外し、4cm角に切る。
4 海老は殻をむき、背開きにして横半分に切る。砕いた葛粉をまぶして熱湯でさっと茹でる。
5 生しいたけは汚れを拭いて軸を落とす。さやいんげんは筋を取って塩茹でし、縦半分に切る。
6 鍋で吸い地のだしを温める。生しいたけを加えて火が通ったら、塩で味を調える。沸騰したら薄口しょうゆを加えて火を止める。
7 椀に玉子豆腐、海老、生しいたけ、さやいんげんを盛り付け、6の吸い地をはり、木の芽を添える(季節により柚子の皮でも良い)。

流し缶の下に割り箸を置くことで卵の温度が上がりすぎるのを防ぐ。流し缶がなければバットや耐熱容器でも良い。

季節のLESSON

私の教室では旬の味わいを大切にレッスンしています。
花や器などのしつらえも四季折々の行事を意識してコーディネイト。
季節ごとに2回ずつの誌上レッスンをお楽しみください。

春の
LESSON
01

Menu

A 手まり寿司（6種）

B 筍のから揚げ

C はまぐりの
　白味噌仕立て

D ベリーのマリネ

　3月3日は上巳の節句。いわゆる「桃の節句」です。教室では節句にちなんだ料理や謂われもお教えしていますが、桃の節句はなかでも私自身がいちばん楽しみにしているお節句です。器も料理も渋好みの私ですが、お雛様だけは別。雛絵の器や小物などたくさん集めています。雛祭りといえば、お寿司にはまぐりのおつゆが定番ですね。今年は趣向を凝らした愛らしい手まり寿司にしてみました。女の子だけで雛祭りをお祝いしましょう。

D

C

A

春のLESSON 01

A
手まり寿司（6種）

左からいくら、鯛、スモークサーモン、漬けまぐろ、海老、いかの6種類。
まずはお好みのもの2種類ぐらいからお作りになってみてはいかがでしょうか？

●材料（各6貫分）

米……… 3カップ
昆布……… 5g

〈合わせ酢〉
- 酢……… 1/2カップ
- 砂糖……… 大さじ3
- 塩……… 小さじ1

〈漬けまぐろ〉
- まぐろ（造り用さく）……… 80g
- 白ワイン（煮切ったもの）……… 大さじ1½
- 酒（煮切ったもの）……… 大さじ1½
- 薄口しょうゆ……… 大さじ1½
- 粒マスタード……… 適量
- あさつき……… 3本

〈鯛〉
- 鯛（造り用）……… 1/4尾
- 昆布茶……… 小さじ1
- 酒（煮切ったもの）……… 大さじ2

〈スモークサーモン〉
- スモークサーモン……… 3枚
- ケーパー……… 小さじ1
- マヨネーズ……… 少量
- セルフィーユ……… 適量

〈いくら〉
- いくら醤油漬け……… 50g
- 温泉卵の黄身部分……… 1個分
- ライスペーパー……… 1枚

〈海老〉
- 海老……… 3尾
- クリームチーズ……… 大さじ1
- 塩昆布……… 小さじ1
- おろししょうが……… 少量

〈いか〉
- いか（造り用）……… 1/3パイ
- 梅肉……… 適量

●作り方

1 米は炊く30分前に洗ってザルに上げておく。昆布を入れて少し固めに炊飯し、炊き上がったら半切りに移し、合わせ酢をまわしかけ、切るように混ぜる。

2 まぐろはさくのまま表面を少量のサラダ油（分量外）を熱したフライパンで焼き（写真a）、白ワイン、酒、薄口しょうゆを合わせた漬け地に20分ほど漬け（写真b）、3mm厚さのそぎ切りにする。寿司飯にあさつきのみじん切りを混ぜる。ラップに漬けまぐろ、一口大に丸めた寿司飯をのせ、軽く絞って形を整える。仕上げに粒マスタードを添える。

3 鯛はそぎ切りにして、昆布茶と煮切り酒を合わせたものをまぶして5分ほどおく。ラップに鯛、寿司飯をのせて、軽く絞って形を整え、仕上げに木の芽を添える。

4 スモークサーモンは半分に切る。ラップにスモークサーモン、ケーパーのみじん切りとマヨネーズを混ぜた寿司飯をのせ、軽く絞って形を整える。仕上げにセルフィーユの葉をのせる。

5 いくらは温泉卵の黄身を混ぜておく（写真c）。ライスペーパーは5cm角に切り、濡れぶきんに挟んで柔らかく戻す。濡れぶきんにライスペーパーといくらをおいて寿司飯を包み、形を整える（写真d）。

6 海老は殻をむいて背わたを取り、塩と酒少量（ともに分量外）を加えた熱湯で茹でる。冷めたら腹開きにして（写真e）、横半分に切る。クリームチーズは少し練って柔らかくし、おろししょうがと細かく切った塩昆布を混ぜる。海老の内側にクリームチーズをのせ、寿司飯と一緒にラップで軽く絞って形を整える。仕上げに木の芽を添える。

7 いかは表面にかのこ状に包丁を入れ（写真f）4cm角に切る。ラップにいか、寿司飯をのせて軽く絞って形を整える。仕上げに梅肉をのせる。

まぐろを漬け地に漬けるときは上からキッチンペーパーをかぶせると裏返さなくても良いので便利。いくらはばらけないようにライスペーパーでくるむ。いかは表面に浅い切り込みを入れておくと食べやすい。

B
筍のから揚げ

走りの筍は土佐煮でいただいた翌日に、から揚げにするのがおすすめです。
今回は市販の茹でたけのこを使った簡単レシピにしました。

●材料（2人分）
〈筍土佐煮〉
- 茹でたけのこ……… 中1本
- だし……… 1.5カップ
- みりん……… 大さじ1 2/3
- 削りがつお……… 10g
- 塩……… 少々
- 薄口しょうゆ……… 大さじ1 2/3

片栗粉……… 適量
揚げ油……… 適量

〈梅肉だれ〉
- 梅肉……… 大さじ1
- 白玉味噌（P29参照）……… 大さじ1

●作り方
1 茹でたけのこは食べやすい大きさに切る。鍋にだしとたけのこを入れて強火にかける。沸騰したらみりんとガーゼにくるんだ削りがつおを加え、落としぶたをして10分ほど煮る。塩と薄口しょうゆを加え、さらに10分ほど煮る。そのまま冷まして味を含ませる。
2 1のたけのこの汁気をよく切って片栗粉を薄くまぶす。
3 175℃に熱した揚げ油で表面がカリッとするまで揚げる。合わせた梅肉だれを添える。

C
はまぐりの白味噌仕立て

はまぐりの上品な旨み、酒粕の芳醇な香り、白味噌のまろやかな甘みが口の中で溶け合います。
吸い口に白味噌にはお決まりの水がらしをしのばせます。

●材料（2人分）
- はまぐり……… 4個
- 絹ごし豆腐……… 1/2丁
- 菜の花……… 2本
- 白味噌……… 60g
- 酒粕……… 15g
- 水……… 1.5カップ
- 酒……… 適量
- 昆布……… 3g
- 木の芽……… 適量
- 練りがらし……… 適量

●作り方
1. 酒粕は酒（分量外）をひたひたにして（写真a）柔らかく戻ったら、しっかりと溶き混ぜる。
2. 鍋に水、酒、昆布、はまぐりを入れて火にかける。はまぐりの殻が開いたら取り出し、殻から身を外しておく。
3. 2の鍋に1の酒粕を加えて溶かし、4cm角に切った豆腐を加える。豆腐が温まったら、あらかじめ2の汁で溶いた白味噌を入れて火を止める。
4. 椀に豆腐、はまぐりの身、さっと塩茹でした菜の花を盛り付け、汁をはって木の芽をあしらう。仕上げに練りがらしを添える。

D
ベリーのマリネ

3種のベリーをレモンジュースとフランボワーズのリキュールでマリネして、
レモン風味のジュレを添えます。リキュールはお好みのものをお使いください。

●材料（2人分）
〈ベリーのマリネ〉
- いちご……… 5個
- ブルーベリー……… 12個
- フランボワーズ……… 6個
- レモン汁……… 大さじ1
- グラニュー糖……… 大さじ1
- クレーム・ド・フランボワーズ
  ……… 適量

〈レモンのジュレ〉
- レモン汁……… 1個分
- グラニュー糖……… 50g
- 水……… 1カップ
- 板ゼラチン（水で戻しておく）
  ……… 5g

●作り方
1. いちごはヘタを取って縦4つに切り、フランボワーズ、ブルーベリーと一緒にレモン汁、グラニュー糖、クレーム・ド・フランボワーズをかけて味をなじませる。
2. レモンのジュレを作る。鍋にレモン汁、水、グラニュー糖を入れて火にかけ、砂糖が溶けたら、水気を切った板ゼラチンを加えてよく溶かす。粗熱が取れたらバットに移し、冷蔵庫で冷やし固める。
3. 器に1のベリーを盛り付け、クラッシュした2のジュレを添える。

お役立ちCOLUMN　玉味噌

日本料理に欠かせない玉味噌は、味噌に卵黄や砂糖などを加えて弱火で練り上げたもの。
練り辛子、柚子などを加えれば、おでんや和え物など何でも合ううえに、冷凍保存も可能な万能味噌です。

白玉味噌

- 材料（作りやすい分量）
  - 白味噌……… 200g
  - 卵黄……… 1個分
  - 砂糖……… 大さじ2
  - 酒……… 1/2カップ
  - みりん……… 大さじ2

赤玉味噌

- 材料（作りやすい分量）
  - 赤味噌……… 150g
  - 白味噌……… 50g
  - 卵黄……… 1個分
  - 砂糖……… 70g
  - 酒……… 1/2カップ
  - みりん……… 大さじ3 1/3

- 作り方（白・赤共通）
  1. 鍋に材料をすべて合わせて弱火にかけ、元の味噌の固さになるまで練り上げる。

味噌が焦げないように、弱火で絶えずかき混ぜること。

◎白玉味噌で…

筍の木の芽和え

- 材料（2人前）
  - 筍土佐煮（P26参照）……… 60g
  - 〈木の芽味噌〉
    - 白玉味噌……… 30g
    - 木の芽……… 15枚

- 作り方
  1. 木の芽をすり鉢ですり、白玉味噌を加えてさらにする。
  2. 筍の土佐煮を7mm角に切り、1の木の芽味噌で和える。

わけぎのぬた和え

- 材料（2人前）
  - わけぎ……… 8本
  - 油あげ……… 1/3枚
  - 〈辛子酢味噌〉
    - 白玉味噌……… 50g
    - 練り辛子……… 小さじ1
    - 酢……… 大さじ1 1/3

- 作り方
  1. わけぎは根と葉先を切り落とす。熱湯で少し芯が残るくらいに塩茹でし、4cm長さに切る。
  2. 焼き網で油あげにこんがりした焼き目をつけ、3cm長さに切る。
  3. 辛子酢味噌の調味料をよく混ぜ、1と2を和える。

◎赤玉味噌で…

かぼちゃの肉味噌がけ

- 材料（2人前）
  - かぼちゃ……… 1/4個
  - 長ねぎ……… 5cm
  - 〈肉味噌〉
    - 豚ひき肉……… 80g
    - 酒……… 大さじ1
    - 赤玉味噌……… 150g

- 作り方
  1. かぼちゃは縦4つに切って、蒸気の上がった蒸し器で竹串がすっと入るぐらいまで蒸す。長ねぎは白髪ねぎにする。
  2. 鍋に豚ひき肉と酒を入れて火にかけ酒炒りする。ひき肉に火が通ったら、赤玉味噌を加えてよく混ぜる。
  3. 蒸し上がったかぼちゃに2の肉味噌をかけ、白髪ねぎを添える。

◎赤・白両方で…

生麩田楽

- 材料（2人前）
  - あわ麩……… 9cm
  - よもぎ麩……… 9cm
  - サラダ油……… 適量
  - 木の芽……… 適量
  - 芥子の実……… 適量
  - 〈田楽味噌〉
    - 白玉味噌……… 適量
    - 赤玉味噌……… 適量

- 作り方
  1. あわ麩とよもぎ麩は各1.5cm幅に切る。熱したフライパンにサラダ油を引いて、生麩の両面を焼き目が付く程度に焼く。
  2. 串に1の生麩を刺し、白・赤玉味噌をそれぞれ塗り、好みで木の芽や芥子の実をあしらう。

A

1
2
3
4
5
6
7
8
9
10
11

春の
LESSON
02

Menu
―――

A 花見の点心
　1 うすいえんどうの豆ご飯
　2 あさりとはすの
　　胡麻クリーム和え
　3 海老酒塩煮
　4 だし巻き玉子
　5 筍土佐煮
　6 ほたて木の芽焼き
　7 鯛塩昆布和え
　8 桜生麩
　9 牛肉うずら玉子巻き
　10 蕗青煮
　11 百合根きんとん

B 空豆のすり流し

　桜の季節になると、なんとなくうきうきしてお弁当を作りたくなります。そこで今回のレッスンでは、お花見の点心をお教えすることにしました。あれもこれも詰めたいとつい欲張りになって品数が多くなってしまい、作る生徒さんたちも忙しそう。でも、いただいたときの感動を想像すると、作業の苦労もふき飛んでしまいますよ。ご家庭のことですので、点心籠がなければ、7寸皿にハランを敷いて盛り付けても素敵です。

A
花見の点心

貝類や春野菜がおいしい季節。お弁当にだし巻き玉子と海老ははずせませんね。
色とりどりの春らしい点心ができました。

A-1 うすいえんどうの豆ご飯

●材料 (4人分)
うすいえんどう (さや付き)
……… 400g
米……… 2カップ
もち米……… 1カップ
水……… 3¾カップ
昆布……… 5g
塩……… 小さじ½
酒……… 大さじ2

●作り方
1 米ともち米を合わせ、炊く30分前に洗ってザルに上げておく。
2 うすいえんどうはさやごと洗って豆を取り出す。豆は塩 (分量外) で軽く揉み、熱湯で3分ほど茹で、ザルに上げる。
3 土鍋に1の米、水、昆布、塩を入れ、2のさやをひとつかみほど加えて (写真a) ふたをして強火に10分ほどかける。沸騰したら中火にして5分ほど炊く。さやと昆布を取り出し、2の豆を加え、酒をふり入れ、15分ほど蒸らす。
4 水で濡らした抜き型で3を抜く。

土鍋にさやも一緒に入れることで風味を移す。炊飯器で炊く場合は酒を先に入れ、炊き上がってから豆を加える。

A-2 あさりとはすの胡麻クリーム和え

●材料 (作りやすい分量)
あさり……… 10粒
さやいんげん……… 10本
れんこん……… 40g
酒……… 大さじ2
〈胡麻クリーム〉
├ 練りごま……… 大さじ3
├ 酢……… 大さじ1
├ 薄口しょうゆ……… 小さじ1
├ みりん (煮切ったもの) ……… 大さじ1
└ あさりの煮汁……… 適量

●作り方
1 鍋にあさりと酒を入れてふたをし、火にかけ酒蒸しにする。
2 あさりの身を殻から外し、煮汁はキッチンペーパーで漉してボウルに取っておく。
3 さやいんげんは塩茹でして3cm長さに切る。れんこんは皮をむき、さやいんげんと同形に切り揃え、酢 (分量外) を落とした熱湯で茹でる。
4 ボウルに練りごま、酢、薄口しょうゆ、煮切ったみりんを混ぜ合わせ、あさりの煮汁で固さを調整する。
5 4にあさり、さやいんげん、れんこんを加えてよく混ぜる。

A-3 海老酒塩煮

●材料 (4人分)
車海老……… 4尾
きゅうり……… ⅙本
〈煮汁〉
├ 酒……… ¼カップ
├ 水……… ¼カップ
├ 塩……… 小さじ½
└ 昆布……… 3g
立塩昆布*1……… 適量

*1 海水程度の塩水 (約3%) に昆布茶をひとつまみ加えたもの。

●作り方
1 車海老は頭と背わたを取って (写真a)、殻付きのまま、頭と尾を丸めて竹串に通す。
2 鍋に煮汁を沸かし、1を加え (写真b)、3分ほど煮て鍋ごと冷やす。
3 きゅうりは塩 (分量外) で板ずりして縦4つに切り、立塩昆布に10分ほど浸ける。
4 青竹串に2の海老と3のきゅうりを刺す。

32　春のLESSON 02

A-4 だし巻き玉子

●材料（作りやすい分量）
卵………… 4個
だし………… ½カップ
みりん………… 小さじ1
薄口しょうゆ………… 小さじ2
塩………… 少量
サラダ油………… 適量

●作り方
1 だしにみりん、薄口しょうゆ、塩を加えて溶かす。
2 ボウルに卵を割り入れ溶きほぐし、1を加えてよく混ぜる。
3 卵焼き鍋を熱してサラダ油を薄く引き、少量の卵液を流し入れる。卵が膨らんできたら箸先でつぶし、鍋の奥から手前に向かって、箸で折りたたむようにして巻く。鍋の奥に薄く油を塗って、手前に寄せた卵を奥に移す。
4 鍋の手前にも油を塗る。卵液の少量を流し入れ、焼いた卵を箸で持ち上げ、下にも卵液を流し入れる。3の要領で火を通し、七分通り火が通ったら、鍋の奥から手前に向かって折りたたむように巻く。残りの卵液も同様に流し入れて巻く（3〜4回）。
5 仕上げは巻きすに取って形を整え、食べやすい大きさに切る。

A-5 筍土佐煮（P26参照）

A-6 ほたて木の芽焼き

●材料（2人分）
ほたて（生食用）………… 2個
〈たれ〉
├ 濃口しょうゆ………… 小さじ1
├ 酒………… 小さじ1
└ みりん………… 小さじ1
サラダ油………… 適量
木の芽………… 適量

●作り方
1 ボウルにたれの調味料を合わせる。
2 よく熱したフライパンにサラダ油を引いてほたてをさっと焼く。
3 2に1のたれをまわしかけ、ほたてが焦げないように両面を焼き、縦半分に切る。
4 器に盛って木の芽を散らす。

A-7 鯛塩昆布和え

●材料（作りやすい分量）
鯛（造り用さく）………… ¼尾
塩昆布………… 5g

●作り方
1 鯛は5mm厚さの細切りにする。
2 1の鯛を細切りにした塩昆布で和える。

A-8 桜生麩

●材料（作りやすい分量）
桜生麩………… 1本
〈煮汁〉
├ だし………… 1カップ
├ 薄口しょうゆ………… 大さじ1
└ みりん………… 大さじ1

●作り方
1 桜生麩は1.5cm幅に切る。
2 鍋に煮汁の材料をすべて合わせて煮立たせる。1の桜生麩を入れてさっと煮て、そのまま冷まして味を含ませる。

A-9 牛肉うずら玉子巻き

●材料 (6個分)
牛もも薄切り肉………2枚
青のり………適量
うずら卵………6個
濃口しょうゆ………大さじ1½
サラダ油………適量

●作り方
1 鍋でうずら卵を茹で、殻をむいておく。
2 牛肉は広げてごく薄く塩 (分量外) をふる。青のりもまんべんなくふりかけ、1のうずら卵を3個並べて巻く (写真a)。
3 フライパンにサラダ油を熱して2を焼き、仕上げに濃口しょうゆを絡める。黄味が見えるよう6等分に切り分け、卵の表面を上にして盛り付ける。

切り分けたときにきれいな黄味が見えるよう、うずら卵の真ん中に切り口がくるように包丁を入れる。

A-10 蕗青煮

●材料 (作りやすい分量)
ふき………2本
〈煮汁〉
　だし………2カップ
　薄口しょうゆ………小さじ1
　みりん………大さじ1
　塩………小さじ½

●作り方
1 ふきは鍋の大きさに合わせて切り、塩 (分量外) で板ずりして (写真a) 5分ほどおく。熱湯で塩茹でして水にさらし、両端から筋を引く (写真b)。
2 鍋に煮汁の材料をすべて合わせ、沸騰したら1のふきをさっと煮る。
3 煮汁とふきを別々に冷ます。冷めたらふきを戻して味を含ませ、4cm長さに切り揃える。

まな板にふきをのせ、塩を多めにふる。両手のひらで転がすと、表面の繊維がはがれ、黒っぽいアクが出てくる。

A-11 百合根きんとん

●材料 (2人分)
ゆりね………大1個
塩………少々
グラニュー糖………大さじ1
赤ワイン (煮詰めておく) *1………少量

●作り方
1 ゆりねはザルに入れて蒸し器で柔らかくなるまで蒸す。
2 ボウルに1のゆりねと塩、グラニュー糖を加えてよく混ぜながらスプーンで潰す。
3 2の生地の半量に、煮詰めた赤ワインを加えてよく混ぜ、赤い生地を作る。
4 紅白の生地を適量ずつ合わせ、ラップで茶巾絞りにする (写真a)。

*1 いちじく赤ワイン煮 (P67参照) のシロップを使うと美味。

B
空豆のすり流し

すり流しは野菜とだしで作る和風スープ。空豆の強い甘みを余すところなく味わえます。
葛粉でごく薄いとろみをつけました。花冷えの季節にぴったりです。

●材料（2人分）
- そらまめ（さや付き）………… 100g
- だし………… 1.5カップ
- 白味噌………… 25g
- うど（花弁型）………… 4枚
- 水溶き葛粉………… 小さじ2

●作り方
1. そらまめはさやから取り出し、薄皮をむく。
2. 鍋にだしを沸かし、1のそらまめを柔らかくなるまで煮る。
3. 2と白味噌をミキサーにかけてなめらかにする。
4. 3を再び鍋に戻して火にかけ、水溶き葛粉でとろみをつける。花弁型のうどを加えて器に盛る。

夏の
LESSON
01

Menu

A 生うにの
　冷たいおうどん

B 賀茂なす田楽
　白味噌あんかけ

C 鱧南蛮漬け

D とうもろこしのすり流しと
　おだしのジュレ

E 抹茶白玉しるこ

　冷たいお料理と温かいお料理でバランスのとれた、暑い夏にぴったりの献立です。おうどんを盛り付けたフランス製のお皿やすり流しのガラスボウルなど、器でも涼を感じていただけるように演出しました。関西の夏の風物詩・はもは、天神祭や祇園祭にも欠かせないお魚。梅雨の雨を飲んでおいしくなるといわれています。骨切りされたものが魚屋さんで売られているので、ぜひご家庭でも気軽にお楽しみいただきたい食材です。

A

B

E

D

C

38　夏のLESSON 01

A
生うにの冷たいおうどん

**生うにを使った少し贅沢なおうどんは、冷製の和風カルボナーラといった趣。
茹でたおうどんに絡めるだけの簡単レシピです。**

● 材料（2人分）

- 生うに………… 50g
- 卵黄………… 1個分
- 薄口しょうゆ………… 大さじ1
- 生クリーム………… 大さじ1
- おろしわさび………… 適量
- 黒こしょう………… 適量
- 大葉（千切り）………… 10枚分
- 細うどん（乾麺）………… 120g
- すだち………… 1/2個

● 作り方

1. ボウルに生うにの2/3量、卵黄、薄口しょうゆ、生クリーム、おろしわさびを入れて混ぜ合わせておく。
2. うどんは袋の表示に従ってたっぷりの熱湯で茹で、流水で洗い、水気を切る。
3. 2のうどんを1に混ぜ合わせ、黒こしょうをふり入れ、よく混ぜる。
4. 器に3と残りの生うにをのせ、大葉を天に盛り、すだちを添える。

B
賀茂なす田楽 白味噌あんかけ

味の良さで知られる京野菜の賀茂なすに白味噌をかけた、とても関西らしい一品。
黒七味をぴりっと効かせると、味がぐんと引き締まりますよ。

●材料（2人分）
賀茂なす……… 1個
〈白味噌あん〉
　白味噌……… 40g
　だし……… ¾カップ
　水溶き葛粉……… 小さじ1弱
黒七味……… 適量

●作り方
1. 賀茂なすは3cm厚さの半月形に切る。サラダ油をまぶして（写真a）フライパンで中までしっかり火が通るように両面を焼く。
2. 鍋にだしを入れて火にかけ、沸騰したら白味噌を加え混ぜ、さらに水溶き葛粉を入れてとろみをつける。
3. 器に1の賀茂なすを盛り付け、2のあんをまわしかけ、あれば黒七味をふる。

油を引いてなすを焼くと大量に油を吸ってしつこくなる。先に油をまぶしておけば、余分な油を吸収しない。

C
鱧南蛮漬け

和食の定番・南蛮漬けもナンプラーを少し加えることでエスニック風なお味に。
夏が旬の京野菜・万願寺とうがらしは、青と赤を使って色鮮やかに仕上げました。

●材料(2人分)
はも……… 150g
万願寺とうがらし(青・赤)
……… 各2本
なす……… 1/2本
〈南蛮酢〉
　酢……… 大さじ1 2/3
　だし……… 1/2カップ
　砂糖……… 小さじ2
　薄口しょうゆ……… 大さじ1
　ごま油……… 小さじ1
　ナンプラー……… 大さじ1/2
　レモン(薄切り)……… 6枚
　鷹の爪(輪切り)……… 1本
小麦粉……… 適量
揚げ油……… 適量

●作り方
1　万願寺とうがらしは種を取って横半分に切る。なすはヘタを取って皮付きのまま一口大に切る。
2　1の野菜を170℃に熱した揚げ油で色良く揚げて取り出す。
3　はもは4cm幅に切って小麦粉をまぶし、180℃に熱した揚げ油で少し色づく程度に揚げる(写真a)。
4　揚げたての2と3をよく混ぜ合わせた南蛮酢に漬けてなじませる。

D
とうもろこしのすり流しとおだしのジュレ

甘いとうもろこしとおだしのジュレが絶妙のバランスです。
フレンチのクラシックなスープ「パリ・ソワール」をとうもろこしを使って和風にアレンジしてみました。

●材料（2人分）
〈とうもろこしすり流し〉
- とうもろこし*1……… 1本
- 水……… 3/4カップ
- 塩……… 適量

〈おだしのジュレ〉
- だし……… 1カップ
- 薄口しょうゆ……… 小さじ1
- みりん……… 小さじ1
- 酒……… 小さじ1
- 板ゼラチン（水で戻しておく）……… 3g

あさつき……… 適量

●作り方
1 とうもろこしは塩茹でして、粒を包丁でこそげ取る。水とミキサーにかけ、塩で味を調える。
2 鍋におだしのジュレのだしと調味料を合わせて火にかける。ひと煮立ちしたらゼラチンを溶かし入れ、ボウルに移す。粗熱が取れたら冷蔵庫で冷やし固める。
3 2のジュレをクラッシュ状にして（写真a）器に盛り付け、その上に1を流し入れ、小口切りにしたあさつきを散らす。

*1 とうもろこしは缶詰めでも良い。

おだしのジュレは小さな泡立て器やフォークでクラッシュ状にする。

E
抹茶白玉しるこ

市販の白あんを使うと定番の甘味がご自宅でも簡単に作れます。
お抹茶のビタミンCでしっかり日焼け対策しましょう。

●材料（2人分）
白玉粉………30g
砂糖………小さじ1
〈抹茶あん〉
　抹茶………2g
　熱湯………70ml
　白あん（市販品）………大さじ2
氷………適量

●作り方
1 ボウルに白玉粉と砂糖を入れて適量の水（分量外）で練り、耳たぶぐらいの固さにする。鍋に熱湯を沸かし、1を手のひらで団子状にして入れる。浮いてきたらさらに3分ほど茹で、ザルに上げ、冷水に取り、水気を切る。
2 ボウルに抹茶を入れて約80℃のお湯を注ぎ、よく溶く。さらに白あんを加えてしっかり混ぜ合わせる。
3 器に1の白玉を盛り、2の抹茶あんを注ぎ、氷を浮かべる。

夏の
LESSON
02

Menu

A 牛のたたき
　生姜風味の梅酢がけ
B うなぎの混ぜご飯
C トマトの煮浸し
D 海老団子の揚げ物

　夏バテ対策にぴったりなうなぎにお肉に海老…。ごちそう尽くしのようですが、ご家庭では一度に全部お作りにならなくても良いんですよと生徒さんにはお伝えしています。レッスンで好評だった海老団子の揚げ物はナンプラーを効かせたタイ料理風。日本料理を少しだけエスニックにアレンジするのも大好きです。お料理の世界ではますます国のボーダーがなくなってきているので、私のレッスンでも基本はきちんと守りつつ、世界各国の食材や調味料をどんどん取り入れています。

A

D

45

夏のLESSON 02

A
牛のたたき 生姜風味の梅酢がけ

さっぱりした梅酢でいただく牛肉のたたき。暑い時分の梅の酸味は食欲をそそります。
最近は随分手に入りやすくなったタスマニアマスタードを添えました。

●材料（2人分）
牛もも肉（ブロック）………… 200g
塩……… 適量
白こしょう……… 適量
ホワイトセロリ★1……… 1/2束
きゅうり……… 1/2本
たまねぎ……… 1/4個
サラダ油……… 適量
〈梅酢〉
├ 梅肉……… 大さじ1
│ 酒（煮切っておく）……… 1/4カップ
│ みりん（煮切っておく）……… 大さじ1
│ 薄口しょうゆ……… 大さじ1
│ レモン汁……… 大さじ1
└ しょうがの絞り汁……… 小さじ1
タスマニアマスタード……… 適量

●作り方
1 牛肉は調理する30分前に冷蔵庫から出して室温に戻し、塩、白こしょうをすり込んでなじませておく。
2 フライパンにサラダ油を熱し、肉の全面を焼いていく（写真a）。焼き上がったら、肉汁が安定するまでバットでしばらく休ませ、5mm厚さに切る。
3 ホワイトセロリは5cm長さに切る。きゅうりは4つ割りにして5cm長さに切る。玉ねぎは5mm厚さの輪切りにする。梅酢の材料はよく混ぜ合わせておく。
4 器に肉と野菜を彩りよく盛り付け、梅酢と好みでタスマニアマスタードを添える。

★1 普通のセロリでも良い。

肉は表面に色が付いて中がほんのレアになるよう、全面を焼いていく。指で押してみて弾ね返すような弾力を感じたらフライパンからおろす。

B
うなぎの混ぜご飯

うなぎの蒲焼とお野菜を混ぜるだけ。酢漬けのれんこんがアクセントに。
このご飯とお味噌汁だけでも立派な献立が完成しますよ。

●材料（2人分）
うなぎの蒲焼………… 2尾
〈たれ〉*1
　┌ 濃口しょうゆ………… 大さじ1
　│ みりん………… 大さじ1
　└ 酒………… 大さじ1
寿司酢（市販品）………… 大さじ2
れんこん………… 3cm（約80g）
大葉………… 4枚
オクラ………… 2本
白ごま………… 大さじ2
みょうが（細切り）………… 1個
ご飯………… 茶碗2膳分

●作り方
1　小鍋にたれの材料を混ぜ合わせて火にかけ、アルコールを煮切る。
2　うなぎは魚焼きグリル*2で温めて1のたれをかけ、1.5cm幅に切る。
3　れんこんは2mm厚さのイチョウ切りにしてから茹で、寿司酢に漬ける。大葉は1cm角に、オクラはヘタを落としてガクの周りを少しむき、さっと茹でて小口に切る。
4　ボウルにご飯、2のうなぎ、3の野菜、白ごまをざっくりと混ぜ合わせて、器に盛り付け、みょうがを添える。

*1 うなぎの蒲焼に添付のたれでも良い。
*2 オーブントースターでも良い。

C
トマトの煮浸し

夏の人気メニュー、トマトの冷やし鉢。今回はフルーツトマトを使いましたが、
もちろん普通のトマトでもOK。青柚子が効いたおだしは飲み干せるおいしさです。

●材料（2人分）
フルーツトマト………… 2個
〈煮浸しのだし〉
　┌ だし………… 1.5カップ
　│ 薄口しょうゆ………… 大さじ1
　│ みりん………… 大さじ1
　└ 酒………… 大さじ1
柚子の皮………… 適量

●作り方
1　トマトは湯むきして皮をむく（写真a）。
2　鍋に煮浸しのだしの材料をすべて入れて火にかけ、沸騰したら1のトマトを加え、再び沸騰したら火を止めてそのまま冷ます。粗熱が取れたら冷蔵庫で冷やす。
3　2を食べやすい大きさに切って器に盛り付け、おろした柚子の皮をふりかける。

a
ヘタをくり抜き、十字に切れ目を入れる。熱湯に入れて30秒ほどで引き上げて冷水に取ると、きれいに薄皮がむける。

49

D
海老団子の揚げ物

海老をすり身にして揚げたお団子は味も食感も抜群。ライム果汁で爽やかさもアップ。
タイ料理でおなじみのスイートチリソースと塩の2種類でお楽しみください。

● 材料（2人分）
〈海老団子〉
- 海老（むきみ）……… 8尾
- とうもろこし……… 1/4本
- 枝豆……… 20粒
- しょうが（みじん切り）……… 小さじ1/2
- にんにく（みじん切り）……… 小さじ1/2
- 卵白……… 1/2個分
- 片栗粉……… 小さじ1

〈たれ〉
- スイートチリソース……… 大さじ1
- 酢……… 大さじ1
- トマトケチャップ……… 大さじ3
- ナンプラー……… 小さじ1

ライム……… 1個
塩……… 少々
揚げ油……… 適量

● 作り方

1. 海老は殻をむいて背わたを取る。塩（分量外）で揉んで（写真a）流水で洗い、水気を切る。さらに包丁で叩いて粗いすり身状にする。
2. とうもろこしは包丁で粒をこそげ取り、枝豆はさっと塩茹でして、さやから出して2等分に切る。
3. ボウルに1、2としょうが、にんにく、卵白、片栗粉を入れてよく練る。スプーンで団子状に取り、170℃に熱した揚げ油で揚げ（写真b）、浮いてきたら180℃に上げて、キツネ色になったら取り出す。
4. 器に3の海老団子とくし形に切ったライムを盛り付け、よく混ぜ合わせたたれと塩を添える。

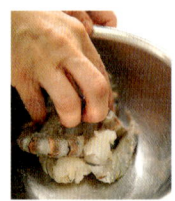

塩揉みすることで海老の臭みが取り除ける。海老団子を揚げるときは鍋肌からそっと滑らせるように入れると揚げやすい。

夏のLESSON 02

お役立ちCOLUMN　簡単常備だれとちりめん山椒

冷蔵庫にあると重宝する、簡単常備だれと一品をご紹介します。土佐じょうゆはお造りにぴったり。
梅酢の梅肉は市販のものを使っても結構です。料理に加えることでさっぱりした風味に。
京都の定番みやげ、ちりめん山椒も粉山椒で作ればパパッと簡単に、本格的な味が出せますよ。

土佐じょうゆ

●材料（作りやすい分量）
濃口しょうゆ………1カップ
酒………1/2カップ
みりん………大さじ1 2/3
削りがつお………5g

●作り方
1　鍋に酒とみりんを入れて火にかけ、煮立ったら削りがつおを加えて火を止める。
2　1に濃口しょうゆを入れてそのまま5時間ほどおいてザルで漉す。保存は冷蔵庫で。

◎土佐じょうゆで…
なすの焼き浸し

●材料（2人前）
なす………2本
みょうが………1/2個
土佐じょうゆ………大さじ1

●作り方
1　なすはヘタを取り、オーブントースターで約20分焼く。焼き上がったら皮をむいて食べやすい大きさに手でさく。
2　1を土佐じょうゆに浸し、千切りにしたみょうがをのせる。

まぐろとアボカドの土佐じょうゆドレッシング

●材料（2人前）
まぐろ（造り用さく）………100g
アボカド………1/2個
土佐じょうゆ………大さじ1
レモン汁………大さじ1
ラー油………適量

●作り方
1　まぐろとアボカドは1.5cm角に切る。
2　土佐じょうゆ、レモン汁、ラー油をよく混ぜ合わせ、1を和える。

梅肉酢

●材料（作りやすい分量）
梅肉………大さじ2
酒（煮切ったもの）………大さじ4
みりん（煮切ったもの）………小さじ2
砂糖………小さじ1
薄口しょうゆ………小さじ1

●作り方
1　ボウルにすべての材料を入れてよく混ぜ合わせる。保存は冷蔵庫で。

◎梅肉酢で…
ほたての梅肉酢和え

●材料（2人前）
ほたて貝柱（生食用）………2個
うど………5cm
梅肉酢………適量
サラダ油………適量

●作り方
1　熱したフライパンにサラダ油を引いて、貝柱の表面を強火で焼く。うどは細切りにして酢水（分量外）にさらし、水気を切る。
2　梅肉酢で1の貝柱とうどを和える。

簡単ちりめん山椒

●材料（作りやすい分量）
ちりめんじゃこ………100g
酒………1カップ
みりん………大さじ2 2/3
薄口しょうゆ………大さじ1 1/3
濃口しょうゆ………小さじ2
粉山椒………適量

●作り方
1　ちりめんじゃこは熱湯で2分ほど茹で、しっかりと水気を切る。
2　鍋に酒、みりん、1のちりめんじゃこを入れて弱火にかけ、アクを取りながら煮汁が半量になったら、薄口しょうゆと濃口しょうゆを加える。
3　煮汁がほとんどなくなったらバットに広げて冷まし、粉山椒をふってよく混ぜる。

秋の LESSON 01

Menu

A 紅葉鯛ときのこの炊き込みご飯

B 牛肉東寺揚げ

C 海老玉寄せ

D 柿と蕪の胡麻白酢

E とろろの合わせ味噌仕立て

　味覚の秋は食材もおいしいものが目白押し。今回のレッスンは秋のおもてなし料理の献立です。関西で好まれる魚は淡泊な白身。なかでも鯛は別格です。天然の真鯛は桜鯛と呼ばれる春が旬と思われがちですが、実は冬に向けて脂をたくわえた秋の「紅葉鯛」が一番おいしいんですよ。旬の鯛と新米で鯛飯を作ります。レッスンで必ずお教えする一番だしで作るお味噌汁を初めて召しあがった生徒さんからは歓声があがることも。

A

E

D

54　秋のLESSON 01

A
紅葉鯛ときのこの炊き込みご飯

あぶった鯛と数種のきのこやむかごで、秋らしい炊き込みご飯を作ります。
土鍋の炊きたてあつあつをいただけば、これだけで至福の秋のごちそうに。

●材料 (4人分)
鯛切り身 *1…4切れ
しめじ………1パック
まいたけ………1パック
むかご………20個
米………3カップ
〈合わせだし〉
　水………3$\frac{1}{3}$カップ (670ml)
　昆布………5g
　薄口しょうゆ………大さじ1
　濃口しょうゆ………大さじ1
　みりん………大さじ1$\frac{1}{3}$
　塩………小さじ$\frac{1}{3}$
酒………大さじ2
柚子の皮………適量

●作り方
1 米は炊く30分前に洗ってザルに上げておく。
2 鯛は半分に切って薄く塩 (分量外) をふり、焼き網で両面に軽く焼き目を付ける (写真a)。
3 土鍋に1の米、石づきを取って小房に分けたしめじとまいたけ、むかご、合わせだしを入れ、ふたをして強火に10分ほどかけ、沸騰したら2の鯛を加え、中火にして5分ほど炊く。昆布を取り出し、酒をふり入れ、15分ほど蒸らす。
4 器に盛り付け、すりおろした柚子の皮をふりかける。

*1 養殖の鯛でもおいしい。

B
牛肉東寺揚げ

その昔、東寺で湯葉が作られていたことから、湯葉を使った揚げ物は東寺揚と呼ばれます。
生湯葉を使いましたが、乾燥湯葉を戻してもOK。教室の人気メニューです。

●材料 (2人分)
牛フィレ肉ステーキ用
………… 1枚 (120g)
生湯葉………… 1枚
青ねぎ………… 2本
揚げ油………… 適量
すだち………… 1個
ポン酢 (市販品) ………… 適量
〈赤おろし〉
├ 大根おろし………… 適量
└ 一味とうがらし………… 適量

●作り方
1 牛肉は横3等分に切る。生湯葉と青ねぎも同じ長さに切り揃える。
2 牛肉と青ねぎを重ねて湯葉で巻き、爪楊枝で留める (写真a)。
3 180℃に熱した揚げ油で湯葉がカリッとするまで揚げる。
4 3を食べやすい大きさに切り分け、器に盛り付ける。すだちとポン酢、好みで赤おろしを添える。

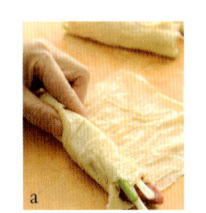

C
海老玉寄せ

卵生地をラップで包んで作る玉寄せは意外と簡単です。焼き穴子を使っても美味。
あんをマスターすれば、バリエーションが増えてお料理上手になれますよ。

●材料 (4個分)
海老………… 5尾
ごぼう………… 1/6本 (20g)
三つ葉 (軸の部分) ………… 1束
柚子の皮 ………… 適量
粉山椒………… 適量
〈卵生地〉
├ 卵………… 3個
│ だし………… 大さじ4
│ 薄口しょうゆ………… 小さじ1
└ みりん………… 大さじ 1/2
〈べっこうあん〉
├ だし………… 1カップ
│ みりん………… 大さじ 1 1/3
│ 濃口しょうゆ………… 大さじ 1 1/3
└ 水溶き葛粉………… 大さじ2

●作り方
1 海老は殻をむいて背わたを取り、一口大に切る。
2 ごぼうはささがきにして、酢 (分量外) を落とした熱湯で茹でる。三つ葉は軸を熱湯で塩茹でし、3cm長さに切って、少量は飾り用に取っておく。
3 ボウルに卵生地のすべての材料を入れて、よく混ぜ合わせ、ザルで漉す。
4 小さなボウルにラップを敷いて3の1/4量を流し入れ、三つ葉の軸、海老、粉山椒、ごぼうの各1/4量を加え、茶巾状にして輪ゴム*1などでくくる。
5 鍋に70～80℃のお湯を沸かし、4を入れて弱火で15～20分ほど茹でる (写真a)。
6 別の鍋でべっこうあんのだしと調味料を合わせ、ひと煮立ちさせる。煮立ったらよくかき混ぜながら水溶き葛粉を加えてとろみをつける。
7 5をラップから外して器に盛り付け、6をかけ、柚子の皮の千切りと残りの三つ葉の軸を添える。

*1 輪ゴムの代わりにパン袋に付いている紐状の針金を使うと便利。

高温で茹でると「す」が入ってしまうので、ぐらぐらと煮立たせずに弱火で茹でる。

57

D
柿と蕪の胡麻白酢

あえてごろっと切った柿と蕪。密かに出会いものと思っています。
薄味の胡麻白酢で和えると、素材の味が際立ちます。

●材料（2人分）
かき……… 1個
かぶ……… 小1個
立塩昆布（P32参照）……… 適量
〈胡麻白酢〉
├ 木綿豆腐（水切りしておく）……… 1/2丁
│ 練りごま……… 大さじ2
│ 酢……… 大さじ1 1/2
│ 砂糖……… 大さじ1
│ 塩……… 少々
│ 薄口しょうゆ……… 大さじ1/2
│ しょうがの絞り汁……… 小さじ1/2
└ だし……… 大さじ2
煎り松の実……… 適量

●作り方
1 かきとかぶはくし形に切り、立塩昆布に、かきは5分、かぶは30分ほど漬ける。
2 すり鉢に胡麻白酢の材料をすべて入れ、滑らかになるまですりこぎでよく混ぜる（写真a）★1。
3 2に1のかきとかぶを加えてよく絡め、器に盛り付ける。好みで煎り松の実を添える。

★1 フードプロセッサーを使っても良い。

E
とろろの合わせ味噌仕立て

赤味噌と白味噌をブレンドした合わせ味噌仕立てに仕上げました。
夏場は赤を多めに、冬場は白を多めにするのが料理の世界では一般的です。

●材料（2人分）
山芋………… 1/4個（50g）
だし………… 1.5カップ
赤味噌……… 10g
白味噌……… 20g
せり………… 適量

●作り方
1 山芋は皮をむいて酢水（分量外）にさらして、ぬめりを洗い落とし、ボウルにすりおろす。
2 鍋にだしを入れて火にかけ、沸騰したら1を手のひらで丸めて入れ、3分ほど煮る。
3 2の鍋に赤味噌と白味噌を加え溶き、すぐに火を止め、椀に注ぐ。
4 せりの葉をさっと茹でたものを散らす。

秋の
LESSON
02

Menu

A さんま幽庵焼き

B 焼き栗ご飯

C きのこと鶏つくねの
　すまし汁

D 戻り鰹と菊菜のサラダ

E いちじく赤ワイン煮

　秋という字が入る秋刀魚（さんま）。栗にぎんなん。戻り鰹。身近な食材ばかりを使って深まりゆく秋にふさわしい食卓が完成しました。料理で感じる季節感は、作るのもいただくのも楽しいもの。柚子が香る上品な味わいの幽庵焼きは、秋を代表する日本料理です。幽庵地は鰆などのお魚のほか、鶏肉でも美味。お肉の場合はやや甘みを強くした幽庵地を作りましょう。冷めてもおいしくいただけるので、お弁当にもおすすめです。

D

A E

02　秋のLESSON 02

A
さんま幽庵焼き

塩焼きに飽きたらどうぞ。幽庵地にさんまのワタを入れてコクをプラスします。
あしらいにはカリフラワーの甘酢漬けを添えてさっぱりと。

●材料 (2人分)

さんま……… 2尾
〈幽庵地〉
- 濃口しょうゆ……… 大さじ2
- みりん……… 大さじ2
- 酒……… 大さじ2
- さんまのワタ……… 2尾分
- 柚子……… 1個

カリフラワー……… 1/2個
〈甘酢〉
- 酢……… 1/4カップ
- 砂糖……… 大さじ1 1/3
- 塩……… 少々
- 鷹の爪……… 1本
- 柚子の搾り汁……… 1/2個分

●作り方

1 さんまは頭と尾を切り落として3等分にする。筒切りにして (写真a) 内臓を取り除く (写真b)。流水で洗って水気をしっかり拭き取り、包丁で皮目に浅く切り込みを入れる。

2 バットに幽庵地の調味料と、包丁で叩いてザルで漉したさんまのワタ、柚子の皮と果汁を混ぜ、1のさんまを30分ほど漬ける。

3 2のさんまを魚焼きグリル*1 で焼く。仕上げに残った幽庵地をまわしかけて焼き上げる。

4 一口大に切ったカリフラワーを塩茹でし、合わせておいた甘酢に1時間ほど漬ける。

5 器に3のさんまを盛り付け、4のカリフラワーを添える。

*1 魚焼きグリルがない場合はフライパンでも良い。

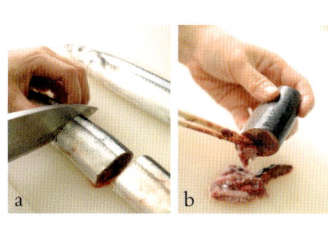

筒切りは骨ごとぶつ切りにすること。ワタは菜箸でかきだす。幽庵地にワタを混ぜ込むことで旨みが増す。

a   b

B
焼き栗ご飯

いつもの栗ご飯も、栗に焼き目をつけることで香ばしさがぐんとアップ。
黄色の栗に翡翠色のぎんなん。まさに実りの秋のご飯です。

● 材料（4人分）
栗………… 8個
ぎんなん………… 12個
米………… 3カップ
水………… 4カップ
塩………… 小さじ1
昆布………… 3g
酒………… 大さじ2

● 作り方
1　米は炊く30分前に洗ってザルに上げておく。
2　栗は鬼皮と薄皮をむき（写真a）、焼き網で焼いて表面にきれいな焼き色をつける。
3　ぎんなんは鬼皮をむき、揚げ油（分量外）でさっと揚げて薄皮を取る（写真b）。
4　土鍋に1の米、2の栗、水、塩、昆布を入れて、ふたをして、強火で10分ほど炊く。沸騰したら中火にして5分ほど炊く。
5　炊き上がったら酒をふり入れ、3のぎんなんを加えて15分ほど蒸らす。

ぎんなん薄皮は油でサッと揚げると簡単にむける。

C
きのこと鶏つくねのすまし汁

具だくさんのおすましは、粉山椒を効かせたつくねが深みのある味わい。
野菜はごぼうや意外なところではプチトマトもおすすめです。

●材料（2人分）
生しいたけ………… 1枚
なめたけ………… 1/3パック
本しめじ………… 2本
長ねぎ………… 1/3本
〈鶏団子〉
　鶏ひき肉………… 100g
　粉山椒………… 少々
　酒………… 大さじ1
　片栗粉………… 大さじ1
〈吸い地〉
　だし………… 1.5カップ
　酒………… 大さじ1
　塩………… 少々
　薄口しょうゆ………… 小さじ1/2
すだち（輪切り）………… 2枚
黒七味………… 適量

●作り方
1 生しいたけ、なめたけ、本しめじは石づきを取って小房に分ける。長ねぎは白髪ねぎにする。
2 ボウルに鶏団子の材料をすべて入れ、粘りが出るまでよく混ぜ合わせる。
3 鍋に吸い地のだし、酒、塩を入れて火にかけ、沸騰したら団子状にした1をスプーンで入れる。鶏団子に火が通ったら、1のきのこを加え、2～3分ほど煮る。仕上げに薄口しょうゆで味を調える。
4 器に盛り付け、白髪ねぎとすだちを添える。好みで黒七味をふる。

D
戻り鰹と菊菜のサラダ

菊花がほのかに香る、秋の教室の人気メニュー。わさびドレッシングとの相性も抜群。
海苔の佃煮を入れた漬けだれが、かつおのクセを消してくれます。

●材料（2人分）
かつお（造り用さく）………80g
〈漬けだれ〉
├ 海苔の佃煮（市販品）
│　………大さじ1
├ 濃口しょうゆ………大さじ1
├ 酒（煮切ったもの）………大さじ1
└ みりん（煮切ったもの）……大さじ1/2
菊菜（葉の部分）………2株（約60g）
食用菊………1個分
〈わさびドレッシング〉
├ おろしわさび………大さじ1/2
├ 砂糖………少々
├ 塩………少々
├ 薄口しょうゆ………小さじ1
├ りんご酢………大さじ1
└ サラダ油………大さじ2

●作り方
1　ボウルに漬けだれのすべての材料をよく混ぜ合わせておく。かつおを棒状に切り、漬けだれに10分ほど漬ける。
2　菊菜の葉はきれいに洗って水気を切る。食用菊はさっと熱湯で茹でる。
3　わさびドレッシングのサラダ油以外のすべての材料をボウルで混ぜ合わせ、最後にサラダ油を少しずつ加えてさらによく混ぜる。
4　器に1のかつお、2の菊菜の葉と食用菊を彩りよく盛り付け、わさびドレッシングをまわしかける。

E
いちじく赤ワイン煮

いちじくが店先に並ぶと作りたくなる、赤ワインとバニラが香る大人のデザートです。
シロップはアイスクリームのソースにも、P34の百合根きんとんの色づけにも。

●材料（2人分）
いちじく……… 5個
〈シロップ〉
- 赤ワイン……… 500ml
- グラニュー糖……… 100g
- はちみつ……… 60g
- バニラビーンズ……… 1/2本
- レモン汁……… 大さじ1

ミントの葉……… 適量

●作り方
1 鍋にシロップの材料をすべて加えて火にかける。
2 1に皮付きのままのいちじくを加え、透明感が出てきたら鍋から取り出す。水にさらして粗熱が取れたら薄皮をむく。
3 保存容器に1の煮汁と2のいちじくを加えて冷蔵庫で冷やす。漬けてから2、3日目が食べ頃。好みでミントの葉を添える。

冬の LESSON 01

Menu

A 穴子の蒸し寿司

B 鰆と牡蠣の
　白味噌風味

C しろなと絹あげの
　たいたん

D 大根汁

E 白菜即席漬け

　今回のレッスンのテーマは、温かさを感じる頑張り過ぎない冬のごちそう。寒い寒い冬の日には、お家でほっとするような食事を楽しんでいただきたくて、優しいお味の料理を集めてみました。蒸し寿司は器ごと蒸して熱々のうちにいただくのが身上。ほかほかと上がる湯気もごちそうのひとつです。だしをひいた後の昆布を再利用して作る白菜即席漬けも冬らしい一品。だし用の昆布はほかにも落とし蓋にしたりと必ず2度は利用します。

C

E

D

70　冬のLESSON 01

A
穴子の蒸し寿司

蒸し寿司は、別名ぬく寿司とも呼ばれる冬のごちそう。
冷凍保存が可能なので急な来客にも便利です。

●材料 (4人分)
焼き穴子………3尾
きくらげ (乾燥) ………5g
寿司飯 (P25参照) ………3カップ
木の芽………適量
〈たれ〉
├ 濃口しょうゆ………大さじ2 1/2
└ 砂糖………大さじ1強
〈錦糸玉子〉
├ 卵………3個
│ 塩………少々
└ サラダ油………適量

●作り方
1 焼き穴子は1.5cm幅に切る。きくらげは水で戻して千切りにする。
2 小鍋にたれの材料を合わせて火にかけ、砂糖を溶かす。
3 寿司飯に1の穴子ときくらげをさっくりと合わせ、2のたれをまわしかける。
4 錦糸玉子を作る。熱した卵焼き鍋にサラダ油を引いて卵生地を薄く流し入れ、両面を焼き、千切りにする。
5 器に3を盛り、4の錦糸玉子を散らして、よく蒸気の上がった蒸し器で10分ほど蒸す。蒸し上がったら木の芽を添える。

B
鰆と牡蠣の白味噌風味

最もおいしいといわれる脂がのった寒鰆と濃厚な牡蠣の旨み、そして冬に甘みを増すねぎ。
いずれとも相性の良い白味噌が味のまとめ役です。

●材料（2人分）
さわら……… 200g
かき………… 200g
長ねぎ……… 1本
白味噌……… 60g
酒…………… 3/4カップ

●作り方
1 さわらは食べやすい大きさに切り、塩（分量外）をふって10分ほどおく。熱したフライパンにサラダ油を薄く引いて両面を焼いて取り出す。
2 かきは塩（分量外）で揉んで汚れを取り、水で洗って水気を切る。
3 長ねぎはぶつ切りにして1のフライパンで炒める。
4 3のフライパンに1のさわら、2のかき、白味噌、酒を加えて5分ほど煮る。

C
しろなと絹あげのたいたん

なにわ伝統野菜のしろなは煮すぎずシャキシャキ感を残すのがおいしくいただくコツ。
絹あげの代わりに厚あげでも油あげでも◎。

●材料（4人分）
  しろな………1束
  絹あげ………2枚
  〈煮汁〉
  ┌ だし………1カップ
  │ 酒………大さじ1 1/3
  │ みりん………大さじ1 1/3
  └ 薄口しょうゆ………小さじ2

●作り方
1 絹あげは熱湯をかけて油抜きし、1cm幅に切る。
2 しろなは1枚ずつはがして洗い、4cmの長さに切って軸と葉先に分ける。
3 鍋に煮汁の材料をすべてを合わせて煮立たせ、しろなの軸の部分と厚揚げを入れて3分ほど強火で煮る。軸がしんなりしたら葉先の部分も加えてさっと煮る。

D
大根汁

煮干しと干し海老のだしに大根の甘みとおあげさんのコクが相まって滋味深いお味に。
水溶き葛粉でとろみをつけても体が温まります。

● 材料（2人分）
大根………… 200g
油あげ………… 1/2枚
干し海老………… 5g
煮干しだし（P6参照）………… 1.5カップ
塩………… 小さじ 1/4
薄口しょうゆ………… 小さじ 1/2
青ねぎ………… 1本
しょうがの絞り汁………… 小さじ1
柚子の皮………… 適量

● 作り方
1　大根は皮をむいて4cm長さ、3mm幅の短冊切りにする。
2　油あげは熱湯をかけて油抜きし、大根と同じ大きさに切り揃える。
3　干し海老は粗みじんに、青ねぎは斜め細切りにする。
4　煮干しだしに干し海老を加えて弱火にかけ、1の大根、2の油あげを加えて5分ほど煮る。塩、薄口しょうゆで味を調え、青ねぎとしょうがの絞り汁を加えて椀に盛り、柚子の皮を薄くへいだものをのせる。

E
白菜即席漬け

その名の通りすぐにいただけるお漬物。実はこれ、ミナミのお料理屋さん直伝。
白菜の芯もパリパリいくらでもいただけます。粗碾きの黒こしょうをふりました。

●材料（2人分）
白菜………… 1/4個
だしをひいた後の昆布
………… 10cm長さ1枚
粗塩………… 大さじ1
柚子の皮………… 適量
黒こしょう………… 適量

●作り方
1 白菜は5cm長さに切る。昆布ははさみで細く切る。柚子の皮は千切りにする。
2 ボウルに白菜を入れ、粗塩をふりかけて、昆布と柚子の皮も加えてよく混ぜる（写真a）。重しをして2時間ほど置く。
3 2をさっと洗って、器に盛り付ける。好みで黒こしょうをふる。

冬の LESSON 02

Menu

A 年迎えの八寸
   1 紅白なます
   2 サーモン入り袱紗玉子
   3 鴨のハニーロースト
   4 小鯛赤飯
   5 菜の花のお浸し
   6 たたきごぼう
   7 数の子味噌漬け

B 雲子の柚香蒸し

C 蟹と生姜の炊き込みご飯

D 寄せ黒豆のアングレーズソース

　八寸とはお酒に合う肴の盛り合わせのことをいいます。今回のレッスンではお正月のお節料理に向く7品をお教えします。私の教室でもお節料理は人気のレッスン。生徒さんも毎年心待ちにしてくださっています。冬の代表的な日本料理、かぶら蒸しを柚子釜に入れて蒸し上げた柚香蒸し。かぶら蒸しというと料理屋さんでいただくものと思われがちですが、意外と簡単に作れます。このレッスンで上手に作るコツをぜひマスターしてください。

A

1

7

2

6

3

5

4

77

冬のLESSON 02

A
年迎えの八寸

切り口も鮮やかな袱紗玉子、赤飯に小鯛の笹漬をのせたお寿司、
鴨のハニーローストなど、山海のものを取り合わせた、お正月らしい華やかな一皿です。

A-1 紅白なます

●材料（作りやすい分量）
大根………300g
金時人参………50g
〈甘酢〉
― 酢………½カップ
  水………½カップ
  砂糖………45g
  塩………少々
  柚子………½個
― 鷹の爪………1〜2本

●作り方
1 大根と金時人参は4cm長さ、5mm幅の短冊切りにする。それぞれ別に立塩（約3%の塩水）に浸け、しんなりしたらしっかり水気を切る。
2 鍋に甘酢の調味料を入れて火にかけ、砂糖と塩を溶かし、柚子の皮の千切りと果汁、鷹の爪を加える。1の大根と金時人参を加えて3〜4時間ほど漬ける。

A-2 サーモン入り袱紗玉子

●材料（作りやすい分量）
スモークサーモン………4枚
絹さや………10枚
〈卵生地〉
― 卵………4個
  だし………大さじ3
  酒………大さじ1
  砂糖………小さじ1
  薄口しょうゆ………小さじ1
― 水溶き片栗粉………大さじ2
サラダ油………適量

●作り方
1 スモークサーモンは粗みじんに切る。絹さやは塩茹でして細切りにする。
2 ボウルに卵生地の材料をすべて混ぜ合わせ、1を加えてよく混ぜる。
3 フライパンにサラダ油を熱して2を流し込み、木杓子でかき混ぜながらスクランブルエッグ状になるまで加熱する。
4 3を卵焼き鍋に流し込み、ごく弱火で両面に火を通す。
5 充分に冷ましてから適当な大きさに切り分ける。

A-3 鴨のハニーロースト

●材料（1枚）
鴨胸肉 ★1………1枚
塩………少々
白こしょう………少々
〈たれ〉
― はちみつ………大さじ4
  ディジョンマスタード………大さじ1⅓
  濃口しょうゆ………大さじ1
  バルサミコ酢………大さじ1
― 黒こしょう………少々

●作り方
1 鴨肉の皮目に5mm幅で切り込みを入れて（写真a）塩、白こしょうを揉み込む。たれの材料はよく混ぜ合わせておく。
2 フライパンを熱し、鴨の皮目を下にして焼き色が付くまで強火で焼き、身側もさっと焼く。
3 2の鴨を取り出し、ペーパーナプキンで余分な脂を拭き、刷毛で皮目にたれを塗り、200℃に温めたオーブンで10分ほど焼く。途中で取り出し、2〜3度たれを塗る。
4 3が冷めるまでおき、3mm厚さに切り分ける。

★1 鶏肉を使っても良い。

鴨は余分な脂を取り除き、掃除する。表面も同様にして皮に切り目を入れる。皮目から焼くとでさらに鴨の脂を押さえる。

A-4 小鯛赤飯

●材料 (4個分)
小鯛笹漬 (市販品) ……… 4枚
赤飯 (市販品) ……… 100g
木の芽 ……… 4枚

●作り方
1 赤飯は小さな俵型に握る。
2 小鯛笹漬は観音開きにする。
3 1の赤飯に2の小鯛笹漬をのせ、木の芽を添える。

A-5 菜の花のお浸し

●材料 (2人分)
菜の花 ……… 4本
〈煮汁〉
　だし ……… 3/5カップ
　みりん ……… 小さじ1
　薄口しょうゆ ……… 小さじ1/2
　塩 ……… 少々

●作り方
1 鍋に煮汁の材料をすべて入れて火にかける。ひと煮立ちしたら菜の花を加え、さっと煮て火を止める。
2 煮汁と菜の花を別々にして、冷めたら再び合わせて味を含ませる。

A-6 たたきごぼう

●材料 (4人分)
ごぼう ……… 2本
〈煮汁〉
　だし ……… 1カップ
　みりん ……… 大さじ1 2/3
　薄口しょうゆ ……… 小さじ2
　濃口しょうゆ ……… 小さじ2
〈ごま衣〉
　白ごま ……… 30g
　砂糖 ……… 大さじ2
　薄口しょうゆ ……… 大さじ1 1/3
　酢 ……… 大さじ1 1/3
　だし ……… 小さじ2

●作り方
1 ごぼうはたわしで洗い泥を取る*1。4cm長さ、3mm角の棒状に切り、酢水 (分量外) にさらしてアクを抜く。
2 鍋に煮汁の材料をすべて合わせて火にかけ、煮立ったらごぼうを入れて歯ごたえが残る程度に煮る。
3 白ごまをすり鉢に入れてすりこぎで潰し、ごま衣の残りの材料を加えてよく混ぜ合わせる。汁気を切った2のごぼうを入れてさらに混ぜ、すりこぎで軽く叩いて味を染み込ませる。

*1 ごぼうは皮に香りがあるので削り取らないこと。

A-7 数の子味噌漬け

●材料 (作りやすい分量)
数の子 ……… 5本
〈味噌床〉
　白味噌 ……… 200g
　みりん ……… 大さじ1 1/3
　酒 ……… 大さじ1 1/3

●作り方
1 数の子は水 (分量外) に浸けて薄皮が白っぽくなったら取り除く (写真a)。水を取り替えて約1日塩抜きし、酒 (分量外) でさっと洗う。
2 味噌床のすべての材料をよく混ぜる。
3 数の子の汁気を切り、ガーゼに挟んで2の味噌床に丸2日漬け (写真b) 一口大に切り分ける。

B 雲子の柚香蒸し

寒くなるにつれ甘みの増すかぶと、その形から雲子と呼ばれるたらの白子の取り合わせは冬の逸品です。ぎんあんが上品な味わい。たくさん召し上がりたい方は大きな器でどうぞ。

●材料（2人分）
たらの白子……… 100g
葉付きの柚子……… 2個
かぶ……… 400g
卵白……… 1/2個分
塩……… 少々
〈ぎんあん〉
　だし……… 1カップ
　酒……… 小さじ1
　みりん……… 小さじ2強
　塩……… 小さじ1/4
　薄口しょうゆ……… 大さじ1/2
　水溶き葛粉……… 大さじ1

●作り方
1　たらの白子は塩水（分量外）で丁寧に洗って血管や膜を切り取り（写真a）一口大に切る。
2　柚子は3：7に切り（写真b）器になる大きい方の果肉をスプーンできれいにくり抜く。
3　かぶは皮を厚めにむいてボウルにすりおろし、水気を軽く絞る。しっかり泡立てた卵白と塩を加えてよく混ぜる。
4　2の柚子釜に1の白子を入れ、3をかぶせるようにのせ、蒸気の上がった蒸し器で6〜7分ほど蒸す。
5　鍋にぎんあんのだしと調味料を合わせて火にかけ、軽く煮立ったら水溶き葛粉を加えてとろみをつけ、再び煮立たせる。蒸し上がった4にたっぷりとかけ、ふたの柚子を搾っていただく。

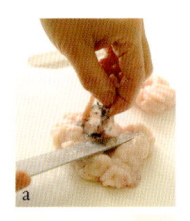

C
蟹と生姜の炊き込みご飯

かにの甘みとしょうがの辛み、互いの長所を引き立て合う、冬のぜいたくな炊き込みご飯です。
最後に添えた和製ハーブ、三つ葉の香りが食欲を誘います。

●材料 (4人分)
かにの身……… 150g
しょうが……… 30g
米……… 3カップ
三つ葉……… 1束
〈合わせだし〉
　だし……… 3 1/3カップ
　薄口しょうゆ……… 大さじ2
　塩……… 小さじ1
　みりん……… 大さじ1
酒……… 大さじ2

●作り方
1 米は炊く30分前に洗い、ザルに上げておく。
2 しょうがは細い千切りにして水にさらし、水気を切る。三つ葉は軸だけをさっと茹でて水にさらし、水気を切って3cm長さに切る。
3 土鍋に米、しょうが、合わせだしを入れて、ふたをして10分ほど強火にかけ、沸騰したらかにの身を加えて中火で5分ほど炊く。
4 炊き上がったら酒をふり入れ、2の軸三つ葉を加えて15分ほど蒸らす。

D
寄せ黒豆のアングレーズソース

白ワイン風味のゼリーで黒豆の蜜煮を寄せた極上スイーツは私の大好物。
蜜煮は市販のものでOK。アングレーズソースなしでもおいしくいただけます。

●材料 (作りやすい分量)
黒豆蜜煮 (市販品)……… 200g
水……… 3/4カップ
砂糖……… 小さじ2
白ワイン……… 大さじ1
板ゼラチン (水で戻しておく)……… 5g
〈アングレーズソース〉
　牛乳……… 1 1/4カップ
　バニラビーンズ……… 1/3本
　卵黄……… 3個
　砂糖……… 50g

●作り方
1 寄せ黒豆を作る。鍋に水と砂糖を加えて火にかけ、砂糖が溶けたら水気を切った板ゼラチンを加えて溶かし、さらに白ワインを加える。粗熱が取れたら、汁気を切った黒豆蜜煮と合わせて流し缶に入れ、冷蔵庫で冷やし固める (写真a)。
2 アングレーズソースを作る。バニラビーンズのさやを裂き、種とさやを鍋に入れた牛乳に加えて温める。
3 ボウルに卵黄と砂糖を入れ、白っぽくなるまで泡立て器ですり混ぜる。沸騰直前の2を注ぎ入れてよく混ぜ合わせ、再び鍋に戻して中火にかける。
4 卵が固まらないように鍋の底をこそげるように絶えずかき混ぜながら煮詰め、とろみがついたら火からおろし、しばらく混ぜて熱を均一にする。ザルで漉し、氷水に浸けながら冷やす。
5 1の寄せ黒豆を適当な大きさに切り分けて器に盛り付け、4のアングレーズソースをかける。

a 流し缶がなければ、グラスに入れて固めても良い。見た目も洋風な雰囲気に仕上がる。

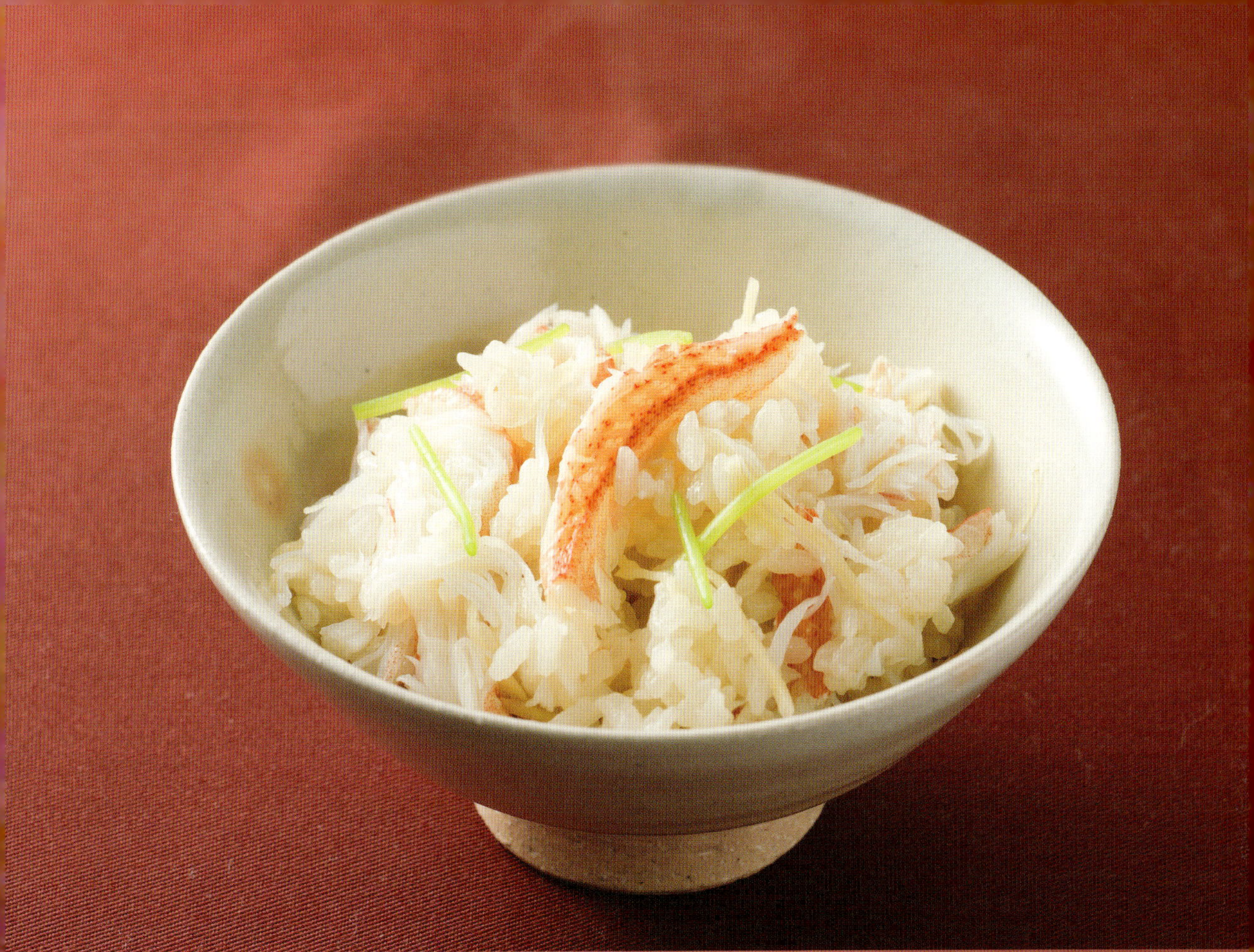

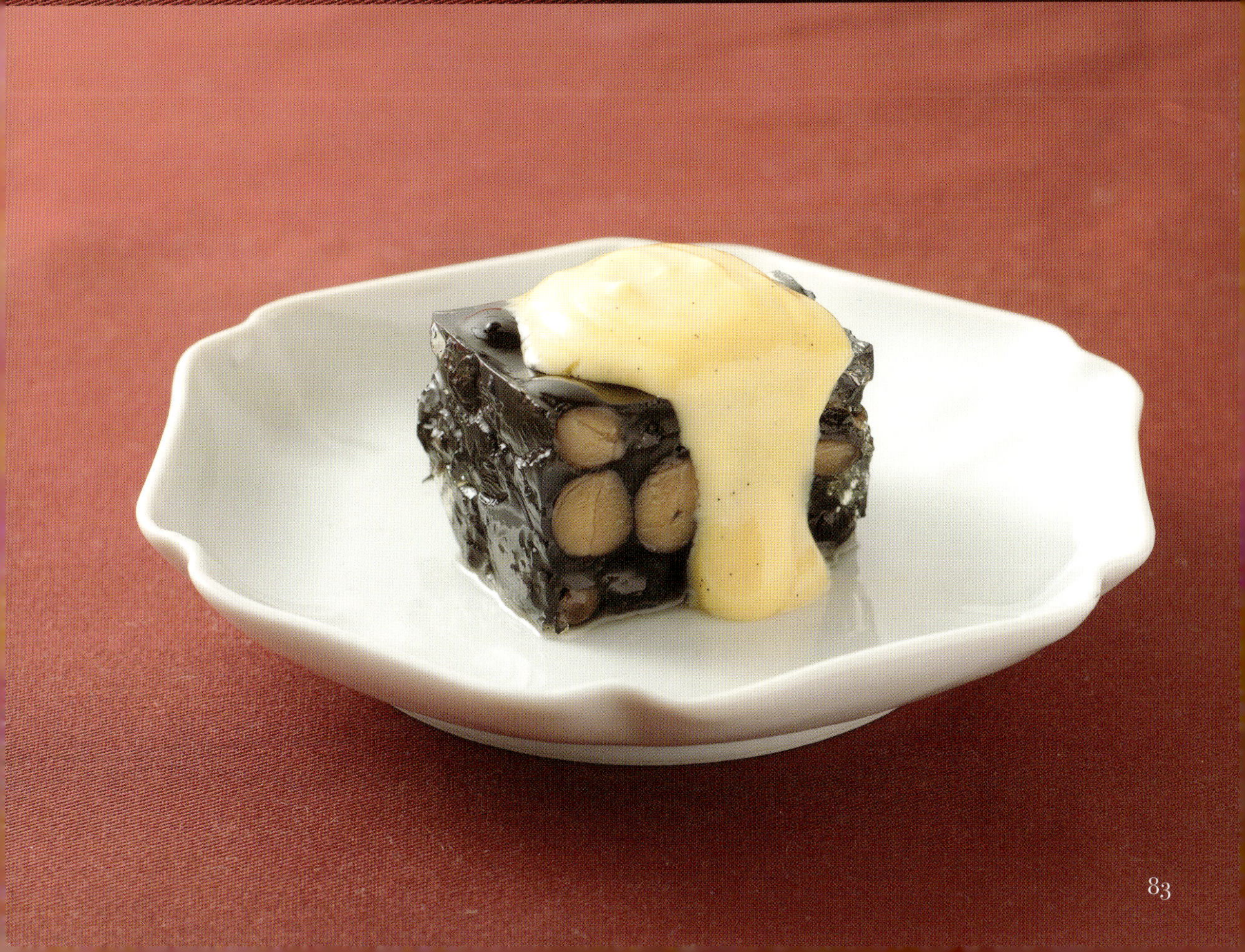

おいしい御用達ノート

おいしいものを作るのも食べるのも大好きな私が
家族3代にわたってお付き合いしているお店から最近のご贔屓まで
お気に入りの「おいしいアドレス」をご紹介します。

おいしいの素
食材

おいしい料理を作るためにおいしい食材は必要不可欠です。
レッスンでは私のこだわりの食材を生徒さんにお教えするのも楽しみのひとつです。

こんぶ 土居 大阪・空堀商店街

大阪生まれの私の一番のソウルフードは、昆布だしと言えるかもしれません。こちらの真昆布でひいたおだしがなければ私の料理は完成しないくらい大事な存在。大阪の名だたる料理店やおうどん屋さんも多数愛用する珠玉の昆布と一緒に、上等なかつおぶしもこちらで購入します。代表の土居純一さんはお若いのに博識で勉強熱心、常に高いクオリティを追究されています。「良い食品づくりの会」の会員でもあり、調味料など昆布以外の買い物も楽しみです。天然真昆布一本撰100g1,800円。●大阪市中央区谷町7-6-38 ☎06-6761-3914 9:00〜18:00 日・祝休

なべじ 大阪・黒門市場

大阪の台所・黒門市場を代表する大正8年創業の老舗青果店。大阪野菜や京野菜をはじめ、全国各地の新鮮でおいしい、見た目も美しい野菜や果物が手に入るので、顧客にはプロの料理人が多数。おすすめの調理法を教えてくださるのも勉強になります。注文しておけば店頭にないものでも仕入れてくださるサービスもさすがです。●大阪市中央区日本橋1-21-34 ☎06-6643-1048 8:00〜18:30 無休

麩嘉（ふうか） 京都・丸太町

生麩は日本料理に欠かせない食材です。母がこちらのお麩を使っていたので自然と私もご贔屓に。定番のよもぎ麩やあわ麩以外にも、はも麩、パンプキン麩など四季折々の創作生麩が揃います。お節料理のレッスンで毎年お願いする八寸の手まり麩は、柚子味噌が入ってるまるで和菓子のような味わい。よもぎ麩1本600円。●京都市上京区西洞院通椹木町上ル東裏辻町413 ☎075-231-1584 9:00〜17:00 月・最終日曜休

おいしいの勉強
料理店

いろんなお店に伺って食事をいただくことが私にとっては一番の勉強です。
しばしばご主人やシェフを質問攻めにしますが、皆さん丁寧に教えてくださるので感動します。

祇園さゝ木 京都・祇園

いつも笑顔で気さくなお人柄のご主人・佐々木浩さんの料理は大らかでダイナミックでいながら、とても繊細。素材を一番おいしくいただける方法で供される料理にはいつも驚きがあります。カウンターにずらっとお客様が並び、佐々木さんの掛け声のもといっせいにコースがスタートする一体感もここならでは。頑張った自分へのご褒美に訪れる名店です。昼5,500円(税・サ込み)。夜は2人で49,000円ぐらいが目安。●京都市東山区八坂通大和大路東入ル小松町566-27 ☎075-551-5000 12:00〜&18:30〜(完全予約制) 日・第2月曜休&不定休あり

ポンテベッキオ本店 大阪・北浜

堺筋本町にあった頃から家族で度々訪れる思い出のリストランテ。こちらで初めてポテトのティンバッロをいただいたときの感動は忘れられません。山根大助シェフは辻調理師専門学校の大先輩。教室の食事会を開くこともあります。ランチ5,775円〜、ディナー7,350円〜。●大阪市中央区北浜1-18-16 大阪証券取引所ビル1F ☎06-6229-7770 11:00〜14:00 18:00〜21:00(いずれも最終入店時間) 不定休

居酒屋ながほり 大阪・玉造

おいしい料理と日本酒が楽しめる、大人のためのとびきり素敵な居酒屋さんです。ご主人・中村重男さんがこだわりの食材で作る一品がア・ラ・カルトでいただけるので、お酒を嗜まない私でも割烹のような感覚で通っています。中村さんは私の野菜の先生でもあり、畑にお連れいただくこともしばしば。いつも発見があります。予算8,000円。●大阪市中央区上町1-3-9 ☎06-6768-0515 17:00〜23:00 日・祝休

おいしいのスパイス

器

器好きの祖父母や両親の影響で、昔から器ギャラリーや骨董店は私にとって身近な場所でした。
盛り付ける料理を思い浮かべながら器屋さんで過ごす時間は、至福のひとときです。

うつわや あ花音(あかね) 京都・南禅寺

　南禅寺の門前にあるそれはそれは素敵なお店です。祇園[梶古美術]の現代作家を扱うギャラリーという位置づけで、ご店主・梶裕子さんのセンスが光る器はどれも素晴らしく、眺めていると時が経つのを忘れるほど。器選びに迷ったときや困ったときに訪れると、いつも梶さんが答えをくださいます。今回の本の撮影でも村田森さんや山田晶さんの器など、たくさんお世話になりました。関西の料理人のネットワークも幅広くいらっしゃるので、そういった意味でも勉強になります。●京都市左京区南禅寺福地町83-1　☎075-752-4560　10:30～17:30　月曜休

工芸店 ようび 大阪・曾根崎

　母が定期購読していた『四季の味』は幼い頃からの愛読誌。[ようび]の器が掲載されているのをずっと見て育ちましたが、実際にお店にお邪魔したのは調理師学校の学生時代です。店主の真木啓子さんが作りだされる世界は、私の永遠の憧れ。シンプルで使いやすい作家ものの器が比較的手頃な値段から揃います。●大阪市北区曽根崎1-8-3　☎06-6314-0204　11:00～18:00　日・祝休

林漆器店 大阪・三ツ寺筋

　大正2年創業。ご主人の川本一雄さんは私の器の先生で、長きにわたりご指導いただいています。この本の撮影でもいろいろご相談にのっていただきました。全国の名だたる料理店やホテルなどに納められており、驚くほどの数の漆器や器がフロアに所狭しと並ぶ光景に最初は圧倒されるかもしれませんが、気軽に訪れてみてください。●大阪市中央区島之内2-10-35　☎06-6213-3588　9:00～18:00　日・祝休

おいしいのお裾分け
手みやげ

手みやげには、やはり自分が普段からいただいていて大好きなものを差し上げたいと思います。
ちょっとしたお礼遣いから目上の方への改まったものまで、特にお気に入りの6品をご紹介します。

すし萬の
小鯛雀すし 大阪

祖母の好物で私で3代にわたるお付き合いです。創業360周年を迎えられる技術に裏打ちされた上品なお味は、目上の方へのご挨拶に最適。本店が教室のご近所なので頻繁に利用します。寿司飯は朝6時半からかまどで炊き、生まれて2年ほどの小鯛を皮を残して丁寧に開き、塩をして作られているそうで、昆布の旨みと香りが染み込んだ鯛と寿司飯は絶品です。1本3,990円。●大阪市西区靱本町2-3-7 ☎06-6448-0734 9:00～18:00 日・祝休

日本料理 櫻川の
きりこみ茶漬 京都

幼い頃から家族で度々訪れているのが[木屋町櫻川]。食事の最後に供される「きりこみ茶漬」は、おもたせとしてお持ち帰りもできます。ちりめん山椒に牛肉が入っているのが珍しく、実はお肉が大好きな私にとってたまらない一品。ご飯にまぶしたり、お茶漬けにしていただきます。ご飯2膳はおかわりできますよ。3,150円。祇園店でも購入可能。(木屋町櫻川)●京都市中京区木屋町通二条下ル ☎075-255-4477 11:30～14:00 17:00～21:00 水曜休

亀末廣の
京のよすが 京都・烏丸御池

別名「四畳半」とも言われる、文化元年創業の銘菓。京の四季をかたどった色とりどりの美しいお干菓子が、四畳半に仕切られた杉箱にお行儀よく二段に詰められた様子は、眺めているだけで幸せな気分に。先方がふたを開けられたときの歓声が聞こえてくるようです。季節によって中身も包装のリボンも変わるのも素敵。上品な甘さもお気に入りの理由です。3,500円。●京都市中京区姉小路通烏丸東入ル ☎075-221-5110 8:30～18:00 日・祝休

白玉屋栄寿の
みむろ 奈良・桜井

　大神神社の大鳥居前にお店を構える最中専門店の名物。いろいろな最中があるなかでも「みむろ」が一番好きです。自家製のこしあんにところどころ粒が残ったあんが混ざっていて、そこはかとない上品なお味に、あともう1つ…とつい手が伸びます。すべすべの皮の手触りや少し小ぶりなサイズも愛らしいですね。小型10個入り箱900円。
●奈良県桜井市大字三輪660-1　☎0744-43-3668　8:00〜19:00　月曜（祝日の場合は翌日休）＆第3火曜休

ショコラティエ・エリカの
マ・ボンヌ 東京・白金台

　東京へは月1回程度、お稽古や話題のレストランに行くために訪れるのですが、白金台の[エリカ]は、まだショコラティエという言葉が今ほど一般的でなかった創業時からずっと大ファン。バレンタインも必ずこちらのものに決めています。いちばん人気のマ・ボンヌは、優しい味のミルクチョコレートにマシュマロとくるみが入った、我が家の常備チョコレートです。ブロック2,625円。●東京都港区白金台4-6-43　☎03-3473-1656　10:00〜18:30　8月＆年末年始休

ムレスナティーハウスの
キューブボックス 大阪・梅田

　紅茶党の私ですが、特にフレーバーティーが大好き。こちらのフレーバーは天然由来なので安心です。賑やかなパッケージのメッセージを読むのも楽しいキューブボックスは、差し上げる方に合うフレーバーを考えるのも楽しい時間です。白桃アールグレイ、マロンパリ、キャラメルクリームティー各682円。（ザ・ティーbyムレスナティー）
●大阪市北区梅田2-5-25　ハービスプラザB1　☎06-6343-0220　11:00〜20:00（LOはフード19:00、ドリンク19:30）不定休

あとがき

　食をとても大切にする家庭に生まれ育ちました。幼い頃からの家族との食にまつわる楽しい記憶が、今の私の料理の礎となっています。祖父や父に連れられて訪れた料理店やホテルのダイニングルーム。料理上手で器が好きな母。考えてみると、私が料理の道に進んだのは当然のことかも知れません。とにかく料理を作ること、勉強することが楽しくて大好きで、大学卒業後ずいぶんと料理学校に通いました。特に調理師学校で学んだことが私の大きな財産となり、自信につながっています。そして卒業後も変わらずご指導いただいている辻調理師専門学校の畑耕一郎先生には心より感謝申し上げます。

　この本のレシピは、私の教室で実際にお教えしているものばかりです。毎月の教室の献立作りが、私の最も重要で大変だけれど楽しい作業のひとつです。旬の食材を使いながら、簡単なもの、手の込んだもの、伝統的なもの、創作的なものをバランスよく組み立て、料理に合う器選び、お節句や季節の行事なども取り入れるように心がけています。そうして集まった、たくさんのレシピストックのなかから厳選して約70品に絞り込みました。

　撮影の前日は毎回、緊張して眠れませんでしたが、とても心地よい緊張感に包まれた、充実した時間を過ごしてまいりました。今回の本作りのおかげで、和食の魅力を再認識することができました。美しい写真を撮ってくださった川隅知明先生、洗練されたデザインをしてくださった津村正二先生、素敵なヘアメイクをしてくださった増田よう子様、そして、最高の指揮をとってくださった京阪神エルマガジン社の村瀬彩子様には心より感謝とお礼を申し上げます。

　今、改めて料理という仕事を選んだことをとても幸せに感じています。料理は日々変化し進化するものです。そんななかでもお家でいただくご飯は変わらない幸せな味であって欲しいと思います。どうぞ、この本を通して、そして私の教室を通して、日本料理を愛する方が増えますように願っています。

2012年　春　　吉田麻子

1995年頃、エコール辻 大阪 辻日本料理専門マスターカレッジ卒業フェスティバルでの1枚。

素材別 INDEX

●肉

[牛肉]
- 牛肉の酒盗バター炒め …… 14
- 牛肉うずら玉子巻き …… 34
- 牛のたたき 生姜風味の梅酢がけ …… 47
- 牛肉東寺揚げ …… 56

[豚肉]
- かぼちゃの肉味噌がけ …… 29

[鶏肉]
- さといもコロッケ …… 13
- 鶏利休焼き …… 18
- きのこと鶏つくねのすまし汁 …… 65

[鴨肉]
- 鴨のハニーロースト …… 79

●魚貝

[あさり]
- あさりとはすの胡麻クリーム和え …… 32

[穴子]
- 穴子の蒸し寿司 …… 71

[いか]
- 手まり寿司(6種) …… 25

[いくら]
- 手まり寿司(6種) …… 25

[うなぎ]
- うなぎの混ぜご飯 …… 48

[うに]
- 生うにの冷たいおうどん …… 39

[海老]
- 玉子豆腐のお吸い物 …… 20
- 手まり寿司(6種) …… 25
- 海老酒塩煮 …… 32
- 海老団子の揚げ物 …… 50
- 海老玉寄せ …… 56

[かき]
- 鰆と牡蠣の白味噌風味 …… 72

[数の子]
- 数の子味噌漬け …… 80

[かつお]
- 戻り鰹と菊菜のサラダ …… 66

[かに]
- 蓮根まんじゅう …… 9
- 蟹と生姜の炊き込みご飯 …… 82

[さば]
- さばの味噌煮 …… 10

[さわら]
- 鰆と牡蠣の白味噌風味 …… 72

[さんま]
- さんま幽庵焼き …… 63

[酒盗]
- 牛肉の酒盗バター炒め …… 14

[白子]
- 雲子の柚香蒸し …… 81

[スモークサーモン]
- 手まり寿司(6種) …… 25
- サーモン入り袱紗玉子 …… 79

[鯛]
- 手まり寿司(6種) …… 25
- 鯛塩昆布和え …… 33
- 紅葉鯛ときのこの炊き込みご飯 …… 55
- 小鯛赤飯 …… 80

[ちりめんじゃこ]
- ひじきの酢きんぴら …… 18
- 簡単ちりめん山椒 …… 51

[はまぐり]
- はまぐりの白味噌仕立て …… 27

[はも]
- 鱧南蛮漬け …… 41

[ぶり]
- ぶり大根 …… 14

[ほたて]
- ほたて木の芽焼き …… 33
- ほたての梅肉酢和え …… 51

[まぐろ]
- 手まり寿司(6種) …… 25
- まぐろとアボカドの土佐じょうゆドレッシング …… 51

●卵
- 蓮根まんじゅう …… 9
- さといもコロッケ …… 13
- 鶏利休焼き …… 18
- 玉子豆腐のお吸い物 …… 20
- 手まり寿司(6種) …… 25
- 白玉味噌 …… 29
- 赤玉味噌 …… 29
- だし巻き玉子 …… 33
- 牛肉うずら玉子巻き …… 34
- 生うにの冷たいおうどん …… 39
- 海老団子の揚げ物 …… 50
- 海老玉寄せ …… 56
- 穴子の蒸し寿司 …… 71
- サーモン入り袱紗玉子 …… 79
- 雲子の柚香蒸し …… 81
- 寄せ黒豆のアングレーズソース …… 82

●大豆加工品・麩
[豆腐]
- さばの味噌煮 …… 10
- はまぐりの白味噌仕立て …… 27
- 柿と蕪の胡麻白酢 …… 58

[揚げ]
- 海老芋と聖護院大根のおでん風 …… 17
- ひじきの酢きんぴら …… 18
- わけぎのぬた和え …… 29
- しろなと絹あげのたいたん …… 73
- 大根汁 …… 74

[湯葉]
- 玉子豆腐のお吸い物 …… 20
- 牛肉東寺揚げ …… 56

[麩]
- 生麩田楽 …… 29
- 桜生麩 …… 33

●乾物・こんにゃく
[ひじき]
- ひじきの酢きんぴら …… 18

[干し海老]
- 大根汁 …… 74

[こんにゃく]
- さばの味噌煮 …… 10

●ご飯・麺
[ご飯]
- 手まり寿司(6種) …… 25
- うすいえんどうの豆ご飯 …… 32
- うなぎの混ぜご飯 …… 48
- 紅葉鯛ときのこの炊き込みご飯 …… 55
- 焼き栗ご飯 …… 64
- 穴子の蒸し寿司 …… 71
- 小鯛赤飯 …… 80
- 蟹と生姜の炊き込みご飯 …… 82

[麺]
- 生うにの冷たいおうどん …… 39

●野菜
[アスパラガス]
- 鶏利休焼き …… 18

[アボカド]
- まぐろとアボカドの土佐じょうゆドレッシング …… 51

[うすいえんどう]
- うすいえんどうの豆ご飯 …… 32

[うど]
- 空豆のすり流し …… 35
- ほたての梅肉酢和え …… 51

[枝豆]
- 海老団子の揚げ物 …… 50

[えびいも]
- 海老芋と聖護院大根のおでん風 …… 17

93

[大葉]
　生うにの冷たいおうどん ……… 39
　うなぎの混ぜご飯 ……… 48
[オクラ]
　うなぎの混ぜご飯 ……… 48
[かぶ]
　柿と蕪の胡麻白酢 ……… 58
　雲子の柚香蒸し ……… 81
[かぼちゃ]
　かぼちゃの肉味噌がけ ……… 29
[カリフラワー]
　さんま幽庵焼き ……… 63
[菊菜]
　戻り鰹と菊菜のサラダ ……… 66
[絹さや]
　サーモン入り袱紗玉子 ……… 79
[きゅうり]
　海老酒塩煮 ……… 32
　牛のたたき 生姜風味の梅酢がけ ……… 47
[ぎんなん]
　蓮根まんじゅう ……… 9
　焼き栗ご飯 ……… 64
[栗]
　焼き栗ご飯 ……… 64
[ごぼう]
　海老玉寄せ ……… 56
　たたきごぼう ……… 80
[さといも]
　さといもコロッケ ……… 13
[さやいんげん]
　玉子豆腐のお吸い物 ……… 20
　あさりとはすの胡麻クリーム和え ……… 32
[じゃがいも]
　牛肉の酒盗バター炒め ……… 14
[しょうが]
　さばの味噌煮 ……… 10
　ぶり大根 ……… 14
　手まり寿司(6種) ……… 25
　牛のたたき 生姜風味の梅酢がけ ……… 47
　海老団子の揚げ物 ……… 50

　柿と蕪の胡麻白酢 ……… 58
　大根汁 ……… 74
　蟹と生姜の炊き込みご飯 ……… 82
[しろな]
　しろなと絹あげのたいたん ……… 73
[せり]
　とろろの合わせ味噌仕立て ……… 59
[セロリ]
　牛のたたき 生姜風味の梅酢がけ ……… 47
[そらまめ]
　空豆のすり流し ……… 35
[大根]
　ぶり大根 ……… 14
　海老芋と聖護院大根のおでん風 ……… 17
　牛肉東寺揚げ ……… 56
　大根汁 ……… 74
　紅白なます ……… 79
[たけのこ]
　筍土佐煮 ……… 26
　筍のから揚げ ……… 26
　筍の木の芽和え ……… 29
[たまねぎ]
　牛のたたき 生姜風味の梅酢がけ ……… 47
[とうもろこし]
　とうもろこしのすり流しとおだしのジュレ ……… 42
　海老団子の揚げ物 ……… 50
[トマト]
　トマトの煮浸し ……… 48
[なす]
　賀茂なす田楽 白味噌あんかけ ……… 40
　鱧南蛮漬け ……… 41
　なすの焼き浸し ……… 51
[菜の花]
　はまぐりの白味噌仕立て ……… 27
　菜の花のお浸し ……… 80
[にんじん]
　ひじきの酢きんぴら ……… 18
　紅白なます ……… 79
[ねぎ]
　さばの味噌煮 ……… 10

牛肉の酒盗バター炒め……………… 14
　　かぼちゃの肉味噌がけ……………… 29
　　わけぎのぬた和え…………………… 29
　　牛肉東寺揚げ………………………… 56
　　きのこと鶏つくねのすまし汁……… 65
　　鰆と牡蠣の白味噌風味……………… 72
　　大根汁………………………………… 74
［白菜］
　　白菜即席漬け………………………… 75
［ピーマン］
　　ひじきの酢きんぴら………………… 18
［ふき］
　　蕗青煮………………………………… 34
［万願寺とうがらし］
　　鱧南蛮漬け…………………………… 41
［水菜］
　　水菜のからし浸し…………………… 10
［三つ葉］
　　海老玉寄せ…………………………… 56
　　蟹と生姜の炊き込みご飯…………… 82
［みょうが］
　　うなぎの混ぜご飯…………………… 48
　　なすの焼き浸し……………………… 51
［山芋］
　　とろろの合わせ味噌仕立て………… 59
［ゆりね］
　　百合根きんとん……………………… 34
［れんこん］
　　蓮根まんじゅう……………………… 9
　　ひじきの酢きんぴら………………… 18
　　あさりとはすの胡麻クリーム和え… 32
　　うなぎの混ぜご飯…………………… 48

● きのこ
　　水菜のからし浸し…………………… 10
　　さといもコロッケ…………………… 13
　　玉子豆腐のお吸い物………………… 20
　　紅葉鯛ときのこの炊き込みご飯…… 55

　　きのこと鶏つくねのすまし汁……… 65

● 果物
［いちご］
　　ベリーのマリネ……………………… 28
［いちじく］
　　いちじく赤ワイン煮………………… 67
［かき］
　　柿と蕪の胡麻白酢…………………… 58
［フランボワーズ］
　　ベリーのマリネ……………………… 28
［ブルーベリー］
　　ベリーのマリネ……………………… 28
［柚子］
　　ぶり大根……………………………… 14
　　トマトの煮浸し……………………… 48
　　紅葉鯛ときのこの炊き込みご飯…… 55
　　海老玉寄せ…………………………… 56
　　さんま幽庵焼き……………………… 63
　　大根汁………………………………… 74
　　白菜即席漬け………………………… 75
　　紅白なます…………………………… 79
　　雲子の柚香蒸し……………………… 81
［レモン］
　　ベリーのマリネ……………………… 28
　　鱧南蛮漬け…………………………… 41
　　牛のたたき 生姜風味の梅酢がけ… 47
　　まぐろとアボカドの
　　　土佐じょうゆドレッシング……… 51
　　いちじく赤ワイン煮………………… 67

吉田麻子　Asako Yoshida

大阪生まれ。同志社女子大学卒業後、辻調理師専門学校、エコール 辻 大阪 辻日本料理専門マスターカレッジ、ル・コルドン・ブルーで料理を学ぶ。アメリカへの料理留学を経て、茶懐石料理、中国料理、韓国料理、イタリア料理、製菓も個人的に習得。2010年より大阪・西区で「吉田麻子料理教室」を主宰。現在は東京・世田谷区でも料理教室を開催するほか、企業のメニュー開発や食育など幅広く活躍中。

吉田麻子料理教室　大阪・西区／東京・世田谷区
http://www.asakoyoshida.com
受講料／入会金 5,000円　月謝 7,000円〜
申し込み／メール info@asakoyoshida.com まで

日本料理 吉田麻子料理教室

2012年4月1日　初版発行
2014年3月1日　第3刷

著者	吉田麻子
撮影	川隅知明
デザイン	津村正二
ヘアメイク	増田よう子
編集	村瀬彩子
器協力	うつわや あ花音 (tel.075-752-4560)
	林漆器店 (tel.06-6213-3588)
発行人	今出 央
発行所	京阪神エルマガジン社
	〒550-8575 大阪市西区江戸堀1-10-8
	編集　tel.06-6446-7716
	販売　tel.06-6446-7718
	http://www.Lmagazine.jp
印刷・製本	図書印刷株式会社

© Asako Yoshida 2012, Printed in Japan
ISBN978-4-87435-380-6 C0077

乱丁・落丁本はお取り替えいたします。
本書に掲載の写真・文章の無断転載・複製を禁じます。